執筆者の1人である小西は、地方自治体の公会計についてはかかわりを持ってきたが、会計学の専門家ではない。小西は、関西学院大学人間福祉学部社会起業学科で「社会起業と税務・会計」という授業科目を開講するに際して、最初は、小西の大学院ゼミ出身の公認会計士である北尾俊樹先生に共同で講義担当をお願いした。ところが、初年度の学期の終わりを待たずして、ニューヨークの監査法人への出向が決まり、2年目は、公会計の関係で小西が親交の深い菅原正明先生に代役を頼み込んだ。

　学生たちは社会起業学科なので、会計の勉強が必要という自覚はあるが、本音は、会計は数字を使うからという理由で敬遠しがちだ。会計学の授業では、数字は意外に少ししか使わないと説明しても信じてもらえない。だが、当たり前のことだが、会計学は論理の学問である。講義では、そのことをできるだけ前面に出そうとした。

　そこで本書では、数字を使った計算は、簿記・仕訳を扱った1つの章のみとした。会計学をさらっと学ぶための最低限のことだけが、少ない字数で書かれていて、それでいて会計の常識が、ものの考え方として会得できる本にしたい、というのが小西の願いである。

　本書は、学生や初学者だけでなく、いま公会計や公営企業の法適用の拡大に取り組むことになっている地方自治体の職員を読者として念頭に置いている。本書は、公会計の本ではなく、会計と税務に関する超入門書である。ただし、公会計や公営企業会計を担当する以上、企業会計のことも少しは知らなければならない。仕訳にどんな意味があり、それが財務諸表や固定資産台帳の作成とどう結びつくかの実感はあった方がよい。そんな担当者が、通勤の行き帰りの電車のなかで、こっそり読む本をイメージした。

　授業のなかで、小西が担当した回もあり、そこでは財政学や経済学と関係する内容を扱った。それが本書にも取り込まれている。会計学の範囲にとどまらず、隣接分野との関係に目配りがされているところが、類書にな

い特徴といえる。

　本書は、北尾先生作成の講義資料を基に、多少の内容を付け加えて小西が書き下した原稿に、北尾、菅原両先生が加筆したものである。お2人を執筆者として、2018年度の1年間、雑誌『地方財務』に「公会計担当者が知っておくべき企業会計の知識」として、12回連載した。その際に、相当部分で加筆している。また、「さらに詳しく学びたい人のために」「理解度確認のための小テスト」の箇所は一部を除いて両先生の手による。

　3人の執筆者は、すべて関西学院大学経済学部の出身である。故山本栄一教授以来、関西学院大学経済学部の財政学研究の伝統では、会計学との接点を積極的にもってきた。そのことが、このようなかたちに結びついたとすれば感慨深いものがある。

　令和を迎え、窓の向こうに残雪輝く大雪山系をみながら

小西　砂千夫

K.G. りぶれっと No. 47

# はじめての会計と税務

小西砂千夫・北尾俊樹・菅原正明 ［著］

関西学院大学出版会

# 目　次

はしがき　　iii

## 第1章　法人とは何か、株式会社とは何か　　1

Step 1　法人のイメージを持つ　　2
Step 2　法人の機能を考える　　4
Step 3　株式会社の責務　　6

## 第2章　会社の利益とは何か　　11

Step 1　借金（借入）の意味　　11
Step 2　利益とは何か　　14
Step 3　会社の持続可能性　　16

## 第3章　財務会計と管理会計　　21

Step 1　財務会計とは　　21
Step 2　管理会計とは　　24
Step 3　会計情報の活用　　26

## 第4章　簿記─勘定記入から財務書類作成まで　　31

Step 1　複式簿記とは　　31
Step 2　仕訳の具体例　　33
Step 3　KG電機の仕訳をしてみよう　　35
Step 4　仕訳から残高試算表へ　　37
Step 5　残高試算表から財務諸表へ　　38

## 第5章 決算の意義と財務諸表　47

Step 1　企業会計のアウトライン　47
Step 2　財務諸表の5つの構成要素　49
Step 3　各財務諸表の機能　53

## 第6章 現金主義会計と発生主義会計　55

Step 1　認識とそのルール　55
Step 2　現金主義と発生主義の仕訳の違い　57
Step 3　費用と収益の会計年度の一致　59

## 第7章 取得原価主義会計と時価主義会計　63

Step 1　測定の2つの考え方　63
Step 2　異なる時点の価値をそろえる　65
Step 3　キャッシュ・フローから資産価格を導く　67

## 第8章 資金繰りと償還能力、減価償却の考え方　73

Step 1　2つの健全性　73
Step 2　認識の違いと減価償却　75
Step 3　減価償却は現金を貯めることを意味しない　77

## 第9章 連結財務諸表と企業結合会計　81

Step 1　企業の価値を測る　81
Step 2　買収・合併時の財務諸表　83
Step 3　連結財務諸表の作成に向けて　86

## 第10章　企業価値と財務戦略　91

- Step 1　企業価値を測定する3つのアプローチ　91
- Step 2　自己資金と借入金の最適な組み合わせ　94
- Step 3　企業の持続的成長に向けて　95

## 第11章　企業会計と法人税　101

- Step 1　企業会計から法人税への調整　101
- Step 2　確定決算主義のデメリット　103
- Step 3　法人課税の概要と実効税率引き下げ　105

## 第12章　会計の考え方とGDP、公会計の推進　111

- Step 1　GDPの概念と会計の考え方　111
- Step 2　GDPの会計的な側面　113
- Step 3　政府会計における現金主義会計の意味　116
- Step 4　公会計推進の意義　118

# 第1章

# 法人とは何か、株式会社とは何か

　いま、起業を考える人が増えています。社会起業にも関心が集まっています。いろいろと構想している間は知識よりも意欲や着想が求められますが、実際に起業をして会社を経営するとなると、必要となるのは会計や税務といった実務的な知識です。それなしには、そもそも経営している会社が儲かっているかどうか——それは持続可能であるかどうかということですが——すら自分で判断できません。

　「会計って数学だから苦手」と最初から敬遠する人もいます。確かに四則演算は必要ですが、難しい数学ではけっしてありません。会計は、数学ではなく、論理、つまり考え方です。そこにはとても興味深い世界が広がっています。知らないと不幸といってもよいくらいです。会計は社会人としての常識だと思えばいいでしょう。「いまどき、英語ができないと社会人として困る」と考えるなら、会計もそれと同じです。

　いま、会計の知識が特に必要とされているのが自治体職員です。公会計改革が進んできて、会計的なセンスが問われています。統一的な基準に基づく財務書類の作成では、仕訳作業が不可欠です。その業務を担当するには簿記3級程度の知識があれば望ましいとされます。だからといって、簿記の勉強を本格的に始めるのはたいへんです。最低限でいいから確実に理解したい。民間企業の会計の考え方とはどういうものか、簿記とは何か、連結とは何か、そうしたことをざっと勉強して、総務省から発出される公会計関連のマニュアルを、なんとか自力で読めるようになりたい、そうい

う読者を想定した内容にしました。

　それでは始めます。会計という、とても知的で興味深い世界の扉を開いてください。

## Step 1　法人のイメージを持つ

一定の規模以上の事業活動を継続的に行う場合、通常、財産の取得や借入が必要です。その場合、個人ではなく、法人にならなければ何かと不都合が生じます。法人には営利法人と非営利法人があり、営利法人の代表格は株式会社です。営利法人は、利益をあげ出資者である株主に還元することを目的としています。

### ❖個人と法人の違い

　事業を始めるためには、個人だと元手を個人で用意しなければなりませんし、事業のためにお金を借りても個人が返済の責任を負わないといけません。事業を継承するときにも相続税・贈与税がかかるなど、何かと不都合が生じます。そこで、事業を行う組織をつくって法人格を取得すれば、個人がすべての責任を負わなくてもよくなります。

　法人の1つの形態に、「株式会社」があります。株式会社は、多数の株主から資金を集めることができるので、ビジネスの規模を拡大するときに欠かせないものです。

　一般的な言葉として、「会社」という呼び方のほか、生産的な活動を行う主体という意味で「企業」と呼ぶことがあり、それに似たほかの呼び方として「法人」があります。ものをつくって売ったり、サービスを提供してお金を儲けたりすることを「企業活動」といいますが、それは個人であってもできます。それを、「個人」または「個人事業」と呼びます。

　これに対して、法人として法務局に登記するのが「法人企業」です。法人になることによって、個人と同じように、権利の行使や義務の履行などの主体となることが法律によって認められるようになります。法人格を取

得することで、個人に類する権利が認められるわけです。

　ビジネスを行う際に、個人事業ではなく、法人企業にならなければ、お金を借りたり財産を次の経営者に引き継いだりするときに、不都合が生じます。たとえば、数人の仲間と共同して個人事業として活動している際に、法人格がなければ、設備投資のためにお金を借りようとしても、会社名義では借りられません。借入の際には、個人の責任で担保を差し出すなどをしなければなりません。また土地などの財産を取得しても、会社の所有ではなく、個人の財産扱いとなります。

　社長が交代して経営を引き継ぐ際に、会社の負債や財産が、社長の個人名義になっていますので、次の社長に譲渡しようとすると、名義変更のための法的な手続きが必要なのは当然のこと、生前ならば贈与税、死後ならば相続税がかかってしまいます。法人になっておけば、膨大な借金を抱えて倒産しても、社長が個人の負債としてそれを被る必要はありません。このように、会社が自由に活動するためには、法人となって個人と同じような法的な地位が与えられる必要があります。

## ❖営利法人と非営利法人

　法人には多くの種類がありますが、大きく分けて「営利法人」と「非営利法人」からなります。営利法人の代表格は「株式会社」です。それに対して、営利を目的としない非営利法人の種類は多く、私立学校などの学校法人、公益財団法人、公益社団法人、宗教法人、農業協同組合、生活協同組合、労働組合などがあります。NPO（ノン・プロフィット・オーガニゼーション、特定非営利活動法人）も、非営利法人の一種です。

　**営利法人とは、構成員の利益をはかり、構成員に利益を還元するために営利活動を営むものですが、非営利法人は公益的な活動などを行うために設立されるものです。**非営利法人では、一般に、利益をあげても出資者等に分配できないように規制されている反面、税制上の優遇が受けられるなどの恩典があります。

### ❖ 世界初の株式会社は東インド会社、わが国初は坂本龍馬の亀山社中

　営利目的のために個人が出資して資本金を集め、それを元手として商業活動等を行ったという意味で、世界初の株式会社は、オランダの東インド会社（1602年設立）といわれています。もっとも東インド会社は、軍隊をもって交戦権を認められていたり、自ら植民地経営をしたりしましたので、純粋に経済的目的のためだけの営利法人というわけではありませんでした。

　わが国では、坂本龍馬が土佐藩を脱藩後に設立した亀山社中（後の海援隊）が初めての株式会社とされています。なお、亀山社中は薩摩藩の名義で、長州藩のために小銃や蒸気船を買いつけ、それが薩長同盟に結びつき、明治維新へ歴史を転換させたという意味で重要な役割を果たしたといわれています。

## Step 2　法人の機能を考える

　株式会社は、出資者である株主からみて、その会社の借入等に対する責任を負わずに済むことと、経営に参加しなくてもよく、儲けが出れば配当がもらえるなどという点で、都合のよいしくみです。そのために、株式会社というしくみを通じて巨額の資金を調達する巨大企業が生まれ、それが資本主義経済の発達に大きな役割を果たしています。

### ❖ 株式会社の利点

　会社が大きくなるためには、より多くの利益をあげるとともに、多数の個人や会社から出資を呼び込まなければなりません。その点で、株式会社は、出資者にとってより出資しやすいしくみであることから、営利法人の代表的な形態となっています。

　株式会社に出資するとは、株式会社が発行する株式を取得して株主になるということです。それは、会社のオーナー（所有者）になるということでもあります。出資した企業が利益をあげれば、出資者はその一部を株数

に応じて配当金として受け取ることができます。その一方で、**株主は、出資する会社が行う借入に対して、返済等の責任を負う必要はありません**（株主有限責任の原則）。つまり株主は、出資した額以上の責任を負う必要がありません。出資した会社が仮に巨額の負債を抱えて倒産したとしても、株券が単なる紙切れになって、出資したお金を回収できないことはありますが、それ以上に会社の負債を肩代わりするなどの責任を問われることはありません。

　**出資者からみて、株式会社のもう1つの利点は、株主は経営をしなくてもよい（所有と経営の分離）**ということです。もっとも発行済株式の過半数を所有しておけば、株主総会の議決権を握りますので、自分が社長になって直接経営するという提案を成立させることもできます。しかし、経営者になれば、時間的にも拘束されますし、責任が問われることも増えます。経営に参加せずに、経営そのものは優秀な経営者に任せて、その利益の配当を受ける方が、富を蓄積するという点では楽でよいといえます。

　仮に、出資した会社が違法な行為を行って、賠償責任が発生したり、刑事罰を受けたりしても、社長などの経営責任者は罪に問われることはありますが、株主は、経営上の責任を問われることはありません。

### ❈株式会社と資本主義の発展

　株式会社は、出資者からみてより出資しやすく、経営者からみてより資金調達がしやすいしくみです。その結果、株式会社が定着したことで、資本主義経済は大きく発展することになりました。資本主義経済の行動原理は、資本蓄積です。資本主義の発展とともに、巨額の自己資本を持った会社が出現してきました。企業の規模を市場での評価である発行済株式の時価総額で測るとすると、現在、わが国で最大規模の企業は、自動車メーカーのトヨタ自動車株式会社の23.1兆円（平成30年2月現在）です。世界最大の会社は、iPhoneなどのアップル社で、時価総額は9,037.8億ドル（平成30年2月現在、1ドル107円換算で約97兆円）と巨額です。

　株式市場が発達することで、巨大企業であっても、株式がより小口に分割されることで、それほど資金量がない個人であっても、株式が購入でき

るようになりました。近年では、NISA（少額投資非課税制度）というしくみを通じて、個人による株式の取得を、銀行に預金をする感覚の延長で拡大しようとしています。会社からすれば、それは資金調達のすそ野が広がったということですし、株式市場におカネが集まることによって、株価が上昇する要因にもなります。

　個人事業から出発して、経営者が苦労して、会社を大きくする過程で、証券取引所に上場して、一般の出資者から資金を調達するとします。その結果、より多くの資金が集まり、会社をさらに大きくすることができます。一方、株式は誰でも取得できますので、別の会社によって買収目的で発行済株式を買い集められ、株主総会の議決権の多数を押さえられてしまえば、会社の創業者といえども、自由に経営できなくなったり、経営者の座から追われたりするリスクが生じます。それを避けるためには、上場せずに、非上場企業として、外部の資金調達に頼らないようにすればいいのですが、資金調達はそれだけやりにくくなるというジレンマが生じます。

## Step 3　株式会社の責務

株式会社のステークホルダー（経営に利害のある者）である株主や債権者、従業員などは、利益等がどれほどの水準であるかに強い関心を持っています。企業会計は、ステークホルダーに対して説明責任を果たすツールとなります。株式会社は証券取引所に上場して誰でも株が買えるように公開することで、資金調達の幅を広げられますが、一方で、経営に対して社会的な責任や義務を負うことになります。

### ❖ 株式会社とステークホルダー

　株式会社の経営に利害のある者を「ステークホルダー」と呼びます。ステークホルダーの代表格は、株式会社のオーナーである株主です。株主にとっては、保有している株式に対する配当や、株価の動きは自分の利益に直結しますので、それらを左右する主たる要因である会社の儲けには強い

関心があります。

次に、会社に対して資金を融資している金融機関などの債権者がいます。債権者にとっては、融資に対する金利の支払や元本の返済が確実に行われることが重要で、借金の返済能力を示す純資産（資産から負債を引いたもの）の動きに関心があります。

会社の従業員もステークホルダーです。従業員にとっては、自分たちの給料や賞与が確実に支払われること、待遇が改善されていくこと、雇用が安定していることが重要で、それらに直結する会社の儲けや、ビジネスとして長期的に安定して持続可能であることに関心があります。

そのほか、国や自治体の課税当局も、納められる税金の額に関心があり、税金計算の根拠となる「儲け」に関心があります。顧客、得意先、地域住民もステークホルダーです。非営利法人だと寄附者もステークホルダーに含まれます。

ステークホルダーは、適切に利益や財政状況が計算され、それが十分説明されることを望みます。企業会計において、**会計（Accounting）は、ステークホルダーに対して説明責任（Accountability）を果たすツール**です。企業会計によって、ステークホルダーの利益が守られ、株式会社が発展するという意味では、企業会計のしくみは企業活動における基盤であり、道路などのインフラと同じような働きをするといえます。

### ❖経営者が特別背任罪に問われるとき

会社が、出資者を多く募るためには、株式を上場（株式を証券取引所に登録することで株を誰もが売買できるようにすること）することが必要です。出資者が会社の株式を買って、一部とはいえ会社の所有者になっても、会社の経営者（社長などの役員＝取締役を指す）に面会して、経営理念や方針などを聞くというようなことは通常ありません。経営者の名前さえ知らずに、株式を購入することも珍しくありません。そこで、株主が、安心して株式を購入するためには、ステークホルダーに対して企業会計を通じて経営状況を公正に開示することが重要です。また、株主が増えると、経営者は、できるだけ多くの利益をあげて株主に利益を分配することがより

強く求められ、経営者はこの株主の負託に応えるため精一杯の経営努力を行います。会社法は、経営者の受任者としての責任を担保するため「取締役は、法令及び定款並びに株主総会の決議を遵守し、株式会社のため忠実にその職務を行わなければならない」（会社法第355条）と定めており、これは民法でいう委任を受けた者の善良なる管理者としての注意義務（善管注意義務という）と同様の義務と理解されています。

仮に経営者がわざと会社の業績を悪化させたり、倒産させたりする一方で、取引業者へ不法なリベートを要求したりするなどの手法で、自分や親族などの私腹を肥やすようなことをしたとします。経営者を信頼した株主を裏切ったことになります。その場合、経営者は特別背任罪という重い刑罰に問われることとなります。つまり、社長といえども、株式会社を私物化して、損害を与えるようなことは許されない、ということになります。

取締役などの役員は、経営責任を負っています。仮に社長の経営手腕が適切でないと役員たちが判断すれば、取締役会の過半数の議決によって社長は解職されます。実際に、社長が経営責任を十分果たしていないなどの理由で、社長自身の意思に反して、役員会で社長職を解職されるという事件が起きたことがあります。また、経営陣に瑕疵がなくても、株式が特定の出資者に買い占められることで、経営が乗っ取られることも起き得ます。

**株式会社は社会的な責任や株主などステークホルダーに対する義務を負っています。**そのことは、株式市場に上場しているかどうかとは関係がありません。

 さらに詳しく学びたい人のために

### 会社の種類と法人格

「法人」というイメージを持っていただくため、この章では主に営利法人である株式会社について、そのしくみや利点、責務について解説しました。ここでは内容を整理しながらもう少し突っ込んで、株式会社以外の法人形態を紹介します。

法人のうち、営利法人には「株式会社」「合同会社」「合資会社」「合名会社」という4つの形態があります。ちなみに、日本ではこの4つ以外の「会社」はありませんので、「法人のうち営利法人こそが会社である」ということです。では、この4つの法人形態はいったい何が異なるのでしょうか。
　ズバリ、出資者の責任の範囲です。
　「合同会社」の出資者は自分が出資した額の範囲内でしか責任を負いません。仮に会社が倒産したときでも、出資したお金以上に責任を負うことはありません。これを有限責任といいます。他方、「合名会社」の出資者の責任には、合同会社のように制限がありません。会社が倒産したときには、会社の債権者に対して債務の全額を支払う責任を負うことになります。これを無限責任といいます。「合資会社」は、有限責任社員と無限責任社員の両方からなる会社ですので、合同会社と合名会社の中間的なイメージです。
　これら3つの会社は所有と経営が一致している点で株式会社とは大きく異なります。また設立費用や役員の定め、決算公告の要否等、それぞれの法人で細かい違いがあります。
　他方、非営利法人には社団法人や財団法人や特定営利活動法人など、法人の形態は営利法人よりさまざまです。営利法人との違いは出資者に利益を分配しないことであり、利益を得てはいけないわけではありません。業務の範囲や認可の要否、役員の定めなど、それぞれの法人で細かな違いがあります。
　なお、社団・財団とは、それぞれ、人の集団・財産の集団を意味するため、法人格を得ていない社団・財団も当然に存在します（学祭実行委員会やサークルなどのいわゆる任意団体）。
　これらを「権利能力なき社団」といい、それ自体は法人格を有しておらず、権利・義務の主体にはなりません。したがって、実質的に権利能力なき社団が権利・義務となっている外観がある場合は、権利・義務の帰属が問題になります。

理解度確認のための小テスト

　株式会社は個人経営に対して、どのような点で優れているといえるのか。また、そのようなメリットを得る一方で、株式会社にはどのような責任が生まれてくるのか。

　法人は法律によって個人のように権利・義務の主体となれる。企業活動をするうえで資産の取得や借入、あるいは資産の継承などで株式会社には個人経営にはない利点がある。株式会社は、株主有限責任の原則および所有と経営の分離という性質を持つことによって、多くの個人や会社からの出資が受けられるようになり、そのことが事業規模の拡大を可能にした。

　株式会社には、ステークホルダーに対して経営状況などについての説明責任がある。企業会計は、公正な利益や財政状況を表現する手段であり、ステークホルダーに対しての説明責任を果たすツールとして重要である。

# 第2章

# 会社の利益とは何か

　株式会社にとって重要な利益は、どのように算出されるのかについて考えてみましょう。利益が出ているということは、経営が上手くいっており、持続可能であるということです。その場合、利益はどのように定義されるのかが重要となります。あわせて、利益が出ていることが、なぜ重要なのかを考えてみる必要があります。それを突き詰めると、会社は究極に何をめざしているのか、という問いに至ります。

## Step 1　借金（借入）の意味

個人（消費者）にとって、お金が足りなくなって借金をするのは、経済状態としてよくないことを意味します。ところが、会社は多額の借金をすることがありますが、だからといって、経営状態が悪いわけではありません。設備投資のための借金は必要ですし、耐用年数の範囲で返済できれば悪いことではないからです。

### ※個人の経済状態が健全であるとは、原則、借金をしないこと

　わたしたちは、日常生活のなかで、お金が足らないことを「赤字を出す」といいます。お金が足りなければ、やむを得ず、人から借りたり、支払いを待ってもらったりします。でも、それは、収入を超えた生活をしている

ということで、本当はよくないことです。借金があることと、家計の状況が悪いことは、個人の場合には同じことです。

仮に、月収が手取りで20万円の人がいたとします。今月は、たまたま友人の結婚式が二つ重なって、お祝いが6万円必要になったので、お金が足りなくなり、その分を消費者金融から借りたとします。でも、本当はそれを避けるべきなのです。その6万円を翌月に返済するとすれば、翌月の生活費は20万円から6万円と金利を差し引いた金額に切り詰めなければなりません。でも、それはできないはずです。もしも返済月に支出を抑えて借金が返済できるなら、余計な出費のある月に節約しておけば、借金をしなくても済んだはずです。それができなかったということは、返済月だけに節約するのは相当無理なはずです。ふだんから少しずつ我慢して、わずかずつでも貯金をして、いざというときに備えておいて、借金をしないのが健全な状態といえます。

つまり、**個人の場合、生活費の不足を借金で穴埋めするのは、本当はよくない**ということになります。個人は、消費の主体であるからです。

ただし、個人が借金をしても問題がない例があります。それは住宅を購入する際の住宅ローンです。住宅は、一度購入すると、通常、30年以上は住めますから、その間、家賃を払っていると思えば、住宅ローンを借りて返済するのも同じことです。個人の借金は、通常、資産の購入には結びつきませんが、住宅ローンの場合には、住宅という資産を購入するので例外的に問題がない、ということになります。住宅ローンは、万が一返済に困ったとしても、住宅を処分すれば返済できます。

### ❖会社が設備投資などのために借金をしても問題はない

では、それは会社でも同じことでしょうか。わが国にはたくさんの会社があります。そのなかで、一部の会社は無借金経営といって、借入金（かりいれきん、しゃくにゅうきんは誤用）がまったくなく、自己資金だけで経営している会社もありますが、大半の会社は借入をしています。だからといって、大半の会社の経営状況が悪いわけではありません。

それでは、個人と会社ではどこが違うのでしょうか。

会社の場合には、設備投資をします。土地を買って、工場を建てます。それをしないと会社の生産、流通、販売などの活動ができないからです。その場合、土地や建物、機械設備、備品などは、使ったらなくなるものではありません。一度購入すれば、何年も使えるものです。それらを購入する場合に、お金を借りておいて、それらが使える年数（耐用年数といいます）の範囲内で、借金が返済できれば、何の問題もないということになります。

では、運転資金の借入は、どうでしょうか。たとえば、会社が運転資金を借りて、商品売上の拡大のために社員を雇ったとします。この社員が売上を伸ばすまでの間は、赤字となりますが、順調に売上を伸ばせば利益があがり、借金を返すことができます。つまり、会社においては、事業の運転資金の借金でも、問題がない場合があるのです。このため、経営状況が健全であるかどうかは、借金の有無では判断できません。個人との違いは、会社は生産の主体であって、借入も事業活動に寄与するものであれば問題ないといえるからです。

経営状況が健全であるということは、持続可能であるということです。持続可能とはどのような状態なのかという定義はたくさんありますが、ここでは、もっとも簡単に、利益が出ている（話し言葉でいうと儲かっている）状態であると考えましょう。つまり、借金をしていても、利益が出ていれば、経営状況が健全であって持続可能であるということになります。**この持続可能状態を維持することが、会社の経営にとってもっとも重要と**いえます。

それでは、利益が出ているとはどのような状態なのでしょうか。それを計算する方法が、会計ということになります（以下、「会計」とは、企業会計のことを指すと考えてください）。

> Step 2　利益とは何か

　利益の大きさは、現金の動きとは一致しません。設備投資をする場合には、設備を購入した年度に現金が支払われます。設備に対する費用は、設備の購入代金の支払いそのものではなく、設備が使用できる期間に購入代金を割り振った減価償却費として計上されるからです。毎年度の利益は、粗利から減価償却費を引いたものです。

### ❈たこ焼き屋の利益をどう計算するか

　一例ですが、店を持たずに、屋台のたこ焼き屋の商売を始めたとします。駅前の人通りの多いところに出店をしました。寒い時期だと、よく売れるはずです。1パック6個入りを、200円で売ったとします。夕方の5時くらいから11時ごろまで、一生懸命にたこ焼きを焼いては売ったとして、100パック売れたとしましょう。売上は2万円となりました。

　さて、タコや小麦粉、ソースなどの原材料費は5,000円で、燃料費は3,000円だったとします。売上から費用を引いた粗利は、1万2,000円となります。本当は、そこから自分の人件費を引かないといけないのですが、それは、いまは考えないとしましょう。

　ここで問題となるのは、屋台です。屋台はレンタルすることもできますが、ここでは、購入したとしましょう。たこ焼き用の鉄板やガスコンロなどの機材を全部そろえて、中古の軽自動車を購入して、機材一式を据えつける改造を行い、全部で100万円かかったとします。この設備費100万円は借金をしてもかまわないですが、自己資金からキャッシュ（現金）で払ったとします。

　たこ焼き屋の年間操業日を200日とすると、年間の粗利は240万円です。営業開始年度の1年当たりの利益は、粗利から設備費を引いて140万円、2年目から240万円ということでよいのでしょうか。現金の動きは確かにそうなります。でも、商売そのものは、1年目も2年目以降も変わりません。同じ機械を使っています。このため、売上も仕入も変わらなければ、利益は同じ水準であると考えられます。利益とは経営の成果だからです。つま

り、利益の大きさは、現金の動きと一致するわけではありません。

### ❖ 設備投資に対する取り扱いが企業会計では重要

　企業会計に求められる考え方とは、ここでは利益の大きさを公正に算出するための尺度であることです。現金の動きに惑わされることなく、実質的に、その商売が儲かっているかを判断する必要があります。設備投資をした年度だけ、利益が小さいというのでは、商売の状態を正しくとらえているとはいえません。たこ焼き屋の例では、現金の動きと利益が一致しないのは設備投資をしているからです。利益を計算するためには、設備投資に対する扱いが重要となります。

　たこ焼き屋の機械や車両は何年間使えるでしょうか。仮に5年間だとします。100万円で購入して、5年間使用しますので、1年当たり20万円の費用ということになります。**これを減価償却費と呼びます。たこ焼き屋にとっての設備に対する費用は、1回限りの設備の購入代金ではなく、毎年度の減価償却費**ということになります。

　その場合に、毎年度の利益は、粗利から減価償却費を引いたものとして定義されます。つまり、「240万円－20万円」の220万円が利益です。1年目から5年目までの利益は、毎年定額の220万円ということになります。5年間の利益合計は、1,100万円です。それに対して、現金の動きは、1年目は差し引き140万円のプラス、2年目から5年目までは240万円ですので、5年間の合計はやはり1,100万円と、同じ額になります。

　つまり、減価償却とは、設備の購入代金を、設備が使用できる年数（耐用年数といいます）である5年間という期間に費用として配分することをいいます。原材料費は毎年度、経常的に発生しますが、機械設備の購入代金を減価償却費として、毎年の経費に分けて計上することで（これを期間に配分するといいます）、現金の出入りで計算するより毎年の利益は公正に計算されます。そのために、減価償却費を費用として毎年度計上するわけです。

> **Step 3**　会社の持続可能性

利益が確保されることによって、株主への配当が可能となりますし、利益を内部に留保し自己資金が蓄積されると、事業を拡大する元手となります。事業の拡大を通じた企業価値の高まりにより、株主は株の値上がり（キャピタル・ゲイン）が期待でき、同時に会社の持続可能性が拡大します。持続可能性確保は、会社にとって本能のようなものです。

### ❖ 利益が出ることがなぜ大切なのか

株主は会社の持ち主あるいは所有者（オーナー）です。その会社を持株数に応じて区分所有しているわけです。株式を購入することとは、一部ではあっても、会社の所有者になることです。

一方、社債とは会社が長期の借入のために発行するものです。社債を買っても会社の所有者になるわけではありません。その会社が赤字になっても、社債の所有者は債権者ですから、利息や元本の返済を求める権利があります。それに対して、株主は会社の所有者なので、利益が出なければ配当はもらえなくても仕方がありませんが、その代わりに、たくさん儲かったときには、通常の金利よりも高い配当率で配当を受けることもあります。また、株価の上昇によってキャピタル・ゲイン（保有している株式の価値が上昇すること）を得ることが期待できます。

一方、会社の利益で株主へ配当されない部分は、会社の内部に留保されます。この内部留保は、事業の拡大や新規事業のために使われ、将来のビジネスの資金といえます。また株主にとっては、この資金を活用して会社の規模が拡大すれば、企業価値が高まり株価の上昇が期待できます。

利益が出るということは、会社にとっても株主にとっても重要なことです。資本主義社会では、会社は資本家に発行した株式を買ってもらって資金を集め、会社で稼いだ自己資金を蓄積して、それらを原資にビジネスを拡大していくことを追求します。利益が出ていることが最重要なことであり、会社にとって死活問題となります。

**利益が確保されることで、会社は持続可能性が確保される**といえます。

それだけに、利益を公正に定義し、適正な決算の報告を促すための企業会計の考え方が重要であるわけです。

### ❖それでは、持続可能性がなぜ大切なのか

　会社においては、持続可能性を確保することがもっとも重要と考えられています。利益を出して、自己資本を厚くし、大きくなることを会社はめざします。それが一種の行動原理といえます。それでは、会社はなぜ持続可能性をめざすのか、それは組織であることの本能のようなものです。生命体は、子孫を残すことをもっとも大切なこととして行動します。会社が組織として、持続可能をめざすのも同じことといえます。

　ただし、ひたすら儲けて利益を積み重ねていくことのみが、本当に会社を生きながらえさせるのかという疑問があります。巨大企業であっても、ひとたび経営が悪化すればあっという間につぶれてしまうこともあります。世界にはたくさんの会社がありますが、大きな会社ほど長く続いているとはいえません。学生の就職人気企業ランキングは、10年でトップテンの顔ぶれが半分程度は入れ替わるほどです。老舗の旅館のように、ブランド力があって、常連客から長く愛される会社の方が強いということもあります。会社は、経済環境の変化に適応できなければ生きていけません。組織の柔軟性が求められることになります。そのためには、組織の老化を防ぐ経営改革が常に必要とされます。

　また、会社は、単に金を儲けて会社を大きくすることだけでは存在できません。市場に受け入れられる商品やサービスを適正な価格で提供できなければ、市場から淘汰されてしまいます。また近年、社会と共存するという謙虚さが、会社の経済環境の変化への適応力を高めるという見方もされ、企業活動を通じて環境問題や経済的格差の問題の解決などに貢献して、企業の社会的責任を果たそうとする動きも目立ってきています。国連で採択されたSGDs「持続可能な開発目標」に取り組む企業も増えています。

　営利企業であって、社会的課題を解決したり社会貢献を重視したりする**社会的企業や社会起業と呼ばれるものが注目される背景には、これまで非営利組織が得意としていた領域に営利企業が参入することが増えており、**

またそれが期待されているからといえます。

 さらに詳しく学びたい人のために

利益とは何か

　利益とは一定期間の企業経営の成果であり、現金の動きとは必ずしも一致しないことは本章で述べたとおりです。利益を出し続けることが債務の償還を可能とし、また、潜在的な株主をも魅了することで持続成長を可能にすることも学びました。

　それでは、利益の本質は何でしょうか。本章では粗利から減価償却費を引いたものとして、簡単に説明しましたが、経営の規模が大きくなると、事業からの売上以外にも金利収入や資産の売却による収益などもあります。コストサイドも保有している事業に関連なく、損が出ることがあります。たとえば、自然災害などで保有している資産が壊れてしまえば、償却が終わるのを待つことなく損が出てしまいます。そのように考えると、利益を計算するためには事業以外から生じる収益や費用および損失まで幅広くとらえる必要があります。

　また、そのような事業外の損益には、それを利益の変動と考えるべきかどうか不明なものがあります。たとえば、一時的に資金運用の目的で保有している株式は、株式市場で時価が日々変わりますが、その価値の変動は売却するまでは実現しません。また、将来売却するときにいくらになっているのかは誰にも分かりません。だからといって、分かっている株式の価値を正しく資産に反映しなければ銀行などのステークホルダーに対して説明ができません。そこで、このような資産の含み益や損については、本来の利益ではないけれども、広くいえば利益に含まれるものということで、通常の利益とあわせて「包括利益」という概念が生まれました。そして、未実現の金融資産の含み損益は、包括利益に含まれる通常の利益以外ということで、「その他の包括利益」と呼ばれます。

　このように、資産の評価を正しくしようとすることで生じる未実現の資

産・負債の評価損益は、近年、すべてその他の包括利益としてとらえられるようになりました。そして、近年の利益概念からは、利益といえば、本業から生じる実現した利益に未実現のその他の包括利益を加えた、包括利益を意味することになります。見方を変えると包括利益は、資産の価値に注目した利益ということもできます。すなわち、包括利益を利益と考える場合の利益は、年度が始まる時点の純資産（資産から負債を引いたもの）が年度末にどれだけ増えたのかを表すことになります。純資産の増加が利益だというと、説得力のある考え方であるといえます。

 理解度確認のための小テスト

　現金の動きと利益とは一致しないとは、どういう意味なのか。またそのようなことがなぜ起きるか。

　借入や設備投資などをしないで、毎年度の収入が、必要経費や人件費等に費消されるだけならば、現金の収入と支出の差額が利益となるので、通常、現金の動きと利益は一致する。それに対して、設備投資など、固定資産にあたるものを取得する場合の費用は、取得額そのものではなく、それを耐用年数の期間に配分した減価償却費となる。利益は、売上から仕入などの直接的に発生した費用だけでなく、減価償却費も引いたものである。また、借入を行って事業活動がなければ現金収支はプラスですが、利益はゼロである。したがって、借入や設備投資などを行う場合には、利益の大きさは、現金の動きだけでは説明できない。固定資産や借入金のように、1年間で解消されない資産や負債を持つことが、現金の動きだけでは利益の大きさを説明できない理由である。

# 第3章

# 財務会計と管理会計

　企業会計には大きく分けて財務会計と管理会計があります。この2つの区分は重要です。財務会計は株主などのステークホルダーに会社の財務状況などの情報提供することを目的としているため、会社が勝手な計算をすることがないよう計算方法を定めた会計基準が重要となります。これに対して、管理会計は経営者の経営判断のために情報提供することを目的としています。第三者に示すものではないので、会計基準に従う必要はありませんが、企業の経営戦略判断のための分析が必要となります。

## Step 1　財務会計とは

企業会計は財務会計（外部に対する情報開示）と管理会計（経営判断のための情報提供）に分かれます。財務会計では、虚偽の情報開示を避け、会社間での比較が可能となるよう、公正な会計基準が必要とされます。貸借対照表、損益計算書、株主資本等変動計算書、キャッシュ・フロー計算書の財務4表が主たる内容です。

### ❖財務会計と管理会計の区分
　企業会計は、外部に対する情報開示のための財務会計と、会社の経営陣に対する経営判断のための管理会計の大きく2つに区分されます。これまで、

単に企業会計と呼んできたものは、会社外部のステークホルダーに対する公正な情報開示のルールという意味で使ってきましたので、財務会計を指していますが、本来は、企業会計といえば、管理会計も含めたものとなります。財務会計と管理会計の違いを理解しておくことは特に重要です。

### ❖財務会計の内容

経営者には会社におけるいろいろな情報が集まってきますが、外部のステークホルダーにはそれがありません。これを情報の非対称性があるといいます。そこで、財務状況などを情報開示（ディスクロージャー）することが、法律で定められています。そのことを通じて情報の非対称性を緩和するためです。財務情報開示に対する法律上の規定は、会社法に基づく計算書類の開示のほか、金融商品取引法に基づく有価証券届出書や有価証券報告書の開示などがあります。

財務会計でステークホルダーに提供される情報は、経営者が経営を行った結果です。経営者は、できれば自分の行った経営結果をよくみせたいと思います。また、投資家はいろいろな会社を比較してより優れた会社に投資したいと考えます。**財務会計では、虚偽の情報が開示されないことと、会社間での経営状況の比較ができることが重要**です。

会社法では、会計について、会社計算規則が定められ、会社の経営活動を監査する機関として監査役もしくは監査役会を設置することとされています。また、会計規則の適用に関しては、一般に公正妥当と認められる企業会計の慣行を斟酌しなければならないとされています。その基準のことを「会計基準」と呼びます。国際会計基準（IFRS）は国際会計基準審議会（IASB）、アメリカの会計基準は財務会計基準審議会（FASB）、わが国の会計基準は企業会計基準委員会（ASBJ）によってそれぞれ設定されています。会計にはさまざまな考え方があり、企業活動がグローバル化するにともない、国際的に基準を統一する流れが基本的にありますが、税金の申告などにあたり、国別のローカルな会計基準での計算が求められることが多く、ローカルな基準は引き続き残るものと考えられます。

## ❖財務会計が提供する情報

　財務会計で提供される情報は、財政状態（資産・負債・純資産）を表す貸借対照表（バランス・シート、B／S）と、経営成績（損益）を表す損益計算書（P／L）、現金収支を表すキャッシュ・フロー計算書、総資産の変動要因を証明する株主資本等変動計算書の財務4表からなります（自治体の財務4表は、貸借対照表、行政コスト計算書、資金収支計算書、純資産変動計算書です）。

　貸借対照表は、現在までに取得した資産や、借入をしてまだ返済していない負債の残高、受け入れた資本、あるいは利益の累積額にあたる利益剰余金等を表しています。それらは一時点における残高を示すという意味でストック情報と呼ばれます。それに対して、損益計算書などは、一会計期間の経営成績などを示していますので、フロー情報と呼ばれます。前年度末のストック情報に、今年度のフロー情報を加えたものが、今年度末のストック情報であるといえます。

　財務4表のような決算書は、会社が自ら作成して公表するものです。株式会社は、会社法により「貸借対照表またはその要旨」を「官報」「日刊新聞紙」または「電子公告」で「公告」することが義務づけられていますが、現在は、「インターネット上での貸借対照表の公開」でそれらに代えることができます。また、会社法等の規定により株式会社の決算書（計算書類）は株主総会の承認を得なければなりません。これに先立ち、会社法で定められた株主総会の開催とは別に証券取引所の要請で総会の前に決算発表が行われます。そこでは決算だけではなく、経営計画の公表なども行われます。株主総会では、予算にあたるものの承認は求められていません。それが政府と民間企業との違いです。

　決算書は、その決算書に重要な虚偽記載がないのかどうかについて、監査役もしくは監査役会の監査を受けたうえで、株主総会の承認を受ける必要があります。また、会計監査人を置く会社（資本金5億円以上もしくは、負債額200億円以上の会社など）は、会計監査人である公認会計士（監査法人）による監査も受けることとなります。この場合、決算の承認は取締役会で行うことができ、株主総会では報告だけを行います。

経営者には、決算書を公正に開示する義務がありますし、もしも虚偽の報告をすれば刑事罰を受けることもあります。また、会計監査人である公認会計士は、会社から独立した立場で監査をする必要があり、虚偽報告を経営者と結託し、協力または故意に見逃した場合には公認会計士も罪に問われます。

## Step 2　管理会計とは

管理会計とは、経営者による計画―実行―評価―改善の経営判断のために、情報提供を行う会計です。コストを、売上等に連動せずに一定である固定費と、売上等に連動して増減する変動費に分けて分析することで、損益分岐点を見極めることができます。そのような手法であるCVP分析は管理会計の代表例です。

### ❖管理会計が提供する情報

経営者は常にさまざまな経営判断に迫られています。どのような商品を開発するのか、そのための設備投資をどうするのか、原材料をどのように手に入れるのか、販売やマーケティング、広告をどうするのか。また、従業員をどれだけ雇って、支店網をどう張りめぐらせるのか、従業員の処遇をどうするのか。あるいは顧客からの苦情処理、危機への対応をどうするのかなど、枚挙にいとまがありません。

そのなかでも、もっとも重要な経営判断は、製造業等であれば、生産コストを把握して、何をどこまでつくるのかについてです。経営とは、計画（Plan）をたて、実行（Do）し、その結果を評価（Check）し、改善（Act）することの繰り返しです。**経営判断に必要な会計情報を提供する会計を管理会計といいます。管理会計が提供するのは、意思決定のための会計情報**ともいえます。

経営者は計画を策定するにあたって、最初にすべきことはコストを把握することで、その際に売上数量の増減にかかわらず発生する固定費と連動

する変動費に分けることが重要です。売上高は価格に数量を乗じたものです。

　　利益＝売上高（価格×数量）－コスト（変動費＋固定費）

　変動費を数量で除したものを変動費単価と呼ぶと、次の式に書き換えられます。

　　利益＝（価格－変動費単価）×数量－固定費

　このような分析をCVP分析（Cost-Volume-Profit Analysis）といいます。新規事業を行うかどうかの意思決定を行う際に重要なものです。

### ❖管理会計の具体例としてのCVP分析

　KG電機は、通信機器を製造・販売する会社であるとします。新規製品の製造・販売に踏み切るかどうかを判断するにあたって、費用を分析しなければなりません。工場の建物を賃借する場合、その賃料は固定費となります。仮に、毎月5,000万円とします。通信機器の生産設備のリース料も固定費です。こちらは毎月3,000万円とします。それに対して、組み立てにともなう部品の購入や、燃料費、光熱費等は変動費です。それが1台当たり1万円だとします。つまり固定費は生産量と関係なくかかるコスト、変動費は生産量に比例して大きくなるコストであるといえます。

　もしも、通信機器が1台当たり5万円で販売できるとします。その場合、赤字にならないためには、通信機器を毎月何台以上、売らなければならないのでしょうか。

　　利益0＝（価格5万円－変動費単価1万円）×数量$x$－固定費8,000万円
　　$x$＝8,000万円／4万円＝2,000台

となります。つまり、月に2,000台以上は確実に売れるという見込みがなければ、この通信機器の販売はしてはいけないということになります。このように、経営者は経理部がはじきだしたコストや、営業部が示した販売価格と販売数量をもとに、経営判断を行うことになります。ここでは、毎月2,000台以上の売上が損益を分ける分岐点として重要な意味を持ちました。これ以上の売上がなければ赤字になるというところを、損益分岐点と呼んでいます。このように、CVP分析とは、損益分岐点を分析するものであり、管理会計の代表的な例です。

## Step 3　会計情報の活用

経営判断にあたっては、管理会計によって提供される固定費と変動費の構成の違いや、商品ごとの原価率の違いを踏まえて、利益が最大になるような判断が求められます。また、会計情報の活用とは、通常、管理会計における原価低減や投資意思決定、業績評価がそれにあたり、財務会計では公正に開示することが中心となります。

### ❖経営判断において頭に置いておくべきこと

　会社は1つの組織ですし、競争原理が働きます。会社のなかで、もっとも売上をあげた社員や部署等が尊重されることはよくあることです。ただし、売上が倍増しても、利益が倍増するわけではありません。売上を増やすことはよいことですが、さまざまなリスクを念頭に置いて、利益が安定的に増えるように、戦略的に行動すべきです。その場合、固定費と変動費のようなコスト構造を把握することは重要なポイントとなります。

　最近はあまり見かけなくなりましたが、街の銭湯（公衆浴場）と、通販ビジネスとでは、コストの構造として何が違うでしょうか。銭湯は、施設があるため多額の固定費がかかりますが、変動費はあまりかかりません。通販ビジネスは、反対に、固定費が少なく変動費（主として商品代）が高いといえます。固定費が大きいと損益分岐点があがりますので、売上が落ちると、赤字に転落するリスクが大きくなります。その代わりに、売上が増えると利益は急激に大きくなります。反対に、変動費が大きいと、損益分岐点は下がりますが、今度は売上をいくら伸ばしても利益はそれほど増えないことになります。

　ハンバーガーショップでは、ハンバーガーと飲み物やポテトなどのサイドメニューをあわせて、セットメニューにして安く売ったりします。それができるのは、ハンバーガーの販売価格に対する原価率に比べて、飲み物やポテトの原価率の方が低いからです。商品ごとの原価率の違いを利用して、消費者に割安感を持ってもらうことで、セットメニューが売れるようになれば、利益は増えます。飲み物やポテトを割り引けば売上は下がりま

すが、利益が拡大すれば会社としてはその方がよいわけです。このようなコストの構造を踏まえた経営戦略については、経営者はもちろんのこと社員全員が知っていなければなりません。

### ❖短期的なコストがすべてではない

経営判断においては、利益が最大になることが常に重要ですが、その場合、2～3年の中期では利益があがっても、たとえば時間や費用のかかる技術開発や、新規事業の開拓を怠って、長期的な利益確保につながらないようなことをしてはいけません。経営判断では損益分岐点の分析のようなコスト分析が基本になりますが、そのような金銭的に表示できるものだけではなく、その会社のイメージやブランド力を高めるような行動を重視する姿勢も必要です。

### ❖会計の活用とは主として管理会計において

財務会計では、ステークホルダーに対する情報開示が主たる役割です。そこでは、一定のルールに基づいて正確かつ公正に開示することが重視されます。どちらかといえば、現在までの時点に注目したものです。それに対して、管理会計は経営陣に対する情報提供ですので、特段にルールに縛られる必要はありません。また、財務会計は、決算時において、直近の年度における業績を示すものであるのに対して、**管理会計は、今後の会社経営における設備投資の判断など、どちらかといえば近未来をみたものです。**

会計情報を活用するという言葉がありますが、それは、通常、管理会計の意味で使っています。財務会計の場合には、活用するとしても、投資家などが投資判断に用いることなどです。それに対して管理会計の場合には、会社のさまざまな活動を分析し、製造業の場合ならば原価低減に役立てたり、新規の投資評価や業績評価を行う基礎として利用したりするなどを通じて、利益拡大につながる意思決定に結びつけることができます。

さらに詳しく学びたい人のために

### 業績評価の考え方

　家電メーカーであるABC社は、TV事業だけでは、ビジネスの拡大を図れないため、TV以外の家電領域にもビジネスを拡大することにしたとします。これにともない、TVはD事業部とし、TV以外の家電事業を行うE事業部の2事業部体制としました。それぞれの事業拡大のため、次のような場合でどのような業績評価を導入するとよいでしょうか。なお、ABC社は銀行から6％の利率で借入を行っているとします。

　　D事業部
　　　資本：5,000万円、予想利益：500万円
　　E事業部
　　　資本：9,000万円、予想利益：630万円
　　（資本とは本社から与えられた資金のこと）

　一見すると、E事業の方が利益を稼いでいるように見えます。ところが投下資本に対する利益の割合（資本利益率）はD事業部の10％（500万円／5,000万円）に対して、E事業部は7％（630万円／9,000万円）であり、E事業部の投資の効率は決してよくありません。

　E事業を継続させるためには、既存事業と同じ投資効率（10％）を求めるのでなく、投下資本に係る資本コスト（6％）を超える投資効率を求める必要があります。そのため、それぞれの事業の業績評価には、予想利益ではなく、残余利益（予想利益－資本コスト）で評価すべきといえます。

　なお、業績を評価するためには、財務情報だけでなく非財務情報を利用したバランススコアカードなどもありますので、そうしたものにも注目する必要があります。

理解度確認のための小テスト

　財務会計と管理会計を、①目的、②情報利用者、③法規制の有無、④提供する情報の観点から比較しなさい。

　財務会計は会社の外部のステークホルダーへの情報提供を目的とするのに対して、管理会計は会社内部の経営者への情報提供を目的としている。そのため、財務会計の報告は一定の会計基準（法規制）に従って行われ、報告結果は公正なものであると同時に、他の会社との比較が可能なものでなければならない。それに対して、管理会計の報告には定まったルール（法規制）はなく、損益分岐点の分析などを通じて、意思決定や業績評価などの経営判断に役立つものでなければならない。

# 第4章

# 簿記—勘定記入から財務書類作成まで

　仕訳という言葉は、企業会計をよく知らない人でも何となく聞いたことがあります。借方とか貸方というのも、聞いたことがあるという人は多いでしょう。簿記とは会社が行う経済活動（取引）を仕訳というかたちで表現することであり、それを正確に行うことが公正な財務諸表の作成を行う基礎になります。仕訳は、会計について意見交換をするときの基本となる、いわば言語のようなものです。

## Step 1　複式簿記とは

簿記は、公正な情報開示の基礎になります。すべての取引は、複式簿記によって借方と貸方に仕訳が行われます。したがって、借方の合計と貸方の合計は一致します。その際、仕訳される勘定科目は、資産・負債・資本〔純資産〕・収益・費用からなります。仕訳された結果に基づいて、財務諸表が作成されます。

### ◈簿記の手続とその意義

　簿記は、会社が行う日々の取引を帳簿に記入していくものです。簿記の対象となる取引は、企業活動のうち経済的事象であり、すべてが網羅的に、また整理されたかたちで記録されます。このことを通じて、適正な情報開

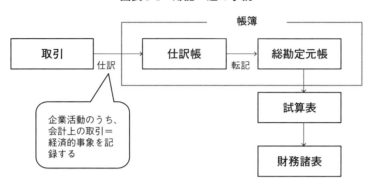

図表4-1 簿記一巡の手続

示を行う基盤となる帳簿が作成されます。それが簿記の意義です。

取引が発生するごとに仕訳が行われ、仕訳帳に記載され、それを勘定科目ごとに区分して転記したものを総勘定元帳と呼びます。それを集計して、最終的に財務諸表が作成されます（図表4-1）。

### ❖複式簿記の考え方

企業会計の簿記は、**すべての取引は、必ず2つの側面に分解できる**と考えています。これを複式簿記と呼びます。たとえば、「銀行から現金を借り入れた」という取引が発生したとします。そのときには、「現金（資産）が増えた」という側面と同時に、「借入金（負債）が増えた」という側面があります。また、「リース料を現金で支払った」という取引の場合、やはり「現金（資産）が減った」と「リース料（費用）が発生した」という両面があります。それらを借方と貸方にそれぞれ仕訳します。同じ事象を2つの側面から認識しますので、仕訳帳の借方と貸方の合計は常に一致することになります。

### ❖勘定記入のルール

仕訳は、定められた勘定科目を用いて表現されます。**勘定科目は、資産・負債・資本（純資産）・収益・費用という5つの要素（あるいは性質）に分類されます**（図表4-2）。勘定記入では、左側を借方（かりかた）、右側

を貸方（かしかた）と呼んでいます。その際、「り」は文字の最後が左を向いているので借方は左側、「し」は文字の最後が右なので貸方は右側、と覚える方法があります。

図表4-2　勘定記入のルール

| 借方 | 貸方 | |
|---|---|---|
| 資産 | 負債 | |
|  | 資本（純資産） | 増加を記入する場所 |
| 費用 | 収益 | |

◆仕訳の一例

現金1,000を借り入れた場合には、現金が増えて、借入金が増えることになります。現金は資産の増加なので、借方（左）に記載されます。また、借入金は負債の増加なので貸方（右）に記載されます（図表4-3）。

図表4-3　仕訳の一例

| Step 2 | 仕訳の具体例 |

仕訳は5つの要素のいずれかの増減を表します。資産であれば、増加は借方に記入し、減少は貸方に記入します。負債であれば、増加は貸方に記入し、減少は借方に記入します。つまり、マイナスの値を計上することはありません。それでは以下の設例について、どのような仕訳になるか考えてみましょう。

① 株式を発行して、100万円の払込みを受けた。

株式を発行するということは、資本金が増えるということになります。一方、100万円の払込み（振込み）を受けるとすれば、預金という資産が増えることになります。その仕訳は、次のようになります。

　　借方　資産（預金）　100万円
　　　　　　　　　　　　　　　　貸方　資本金　100万円

② 100万円の営業車を購入した。

営業車は会社からみれば営業用の資産の購入ということになります。つまり、資産が増えたことを意味します。それに対して、預金で購入したので、預金の減少となります。預金の減少ですから貸方に仕訳を行います。

　　借方　資産（車両）　100万円
　　　　　　　　　　　　　　　　貸方　資産（預金）　100万円

もしも車両の購入をローンで行っていたとすれば、負債の増加ですので、貸方に負債として仕訳することとなります。

③ 商品を500万円、掛けで仕入れた。

「掛け」で仕入れるとは、後払いでという意味です。資金繰りを考えると、仕入れ時に代金を支払う場合と、仕入れたものを売って、お金が入ってきた時点で支払う場合では大きな違いです。後払いは、買掛金（商品の納品は受けるが支払いは後日とする、付け払い）という負債の増加にあたります。仕入れは、商品という資産の増加となります。仕訳は、次のようになります。

　　借方　資産（商品）　500万円
　　　　　　　　　　　　　　　　貸方　負債（買掛金）　500万円

④ 商品を700万円掛けで販売した。

商品の販売は、売上に仕訳します。販売時に掛け売りをしたので、売掛金（商品の納品は先にするが、代金の回収は後日とする）という資産の増加がありました。また、商品は売れてなくなってしまったので、商品は資

産の減少として貸方に仕訳を行います。では、複式簿記のもう一方は何となるべきでしょうか。ここで、商品の仕入代金500万円は売上に対応する原価という費用として借方に仕訳を行います。これにより、後ほどStep 4で述べる残高試算表から財務諸表の作成を通じて、700万円の売上から200万円の利益が出たことが表現されます。仕訳は、次のようになります。

借方　資産（売掛金）　700万円
　　　　　　　　　　　　　　　貸方　収益（売上）　700万円

借方　費用（売上原価）　500万円
　　　　　　　　　　　　　　　貸方　資産（商品）　500万円

⑤　掛け販売700万円の代金を回収した。

売掛金の回収は、売掛金という資産の減少が、預金という資産の増加に振り替わることを意味しますので、次のような仕訳となります。

借方　資産（預金）　700万円
　　　　　　　　　　　　　　　貸方　資産（売掛金）　700万円


### Step 3　KG電機の仕訳をしてみよう

次の説例に沿って、問題1の仕訳をしてみましょう。
① 仕入れは棚卸資産（在庫）の増加です。掛けで仕入れるとは、買掛金の増加です。
② 商品の販売は売上高という勘定科目で表されます。掛け売りですので、売掛金になります。商品原価とは費用にあたります。仕入れた商品を販売しますので、棚卸資産（在庫のこと）の減少です。
③ 給与は費用です。預金で支払うと、預金という資産の減少です。
④ 宣伝広告費は費用です。
⑤ 買掛金の支払いは負債の減少です。
⑥ 売掛金の回収は資産の減少ですが、それに対して預金の増加が起きています。

## 問題1　仕訳

KG株式会社は2019年3月期に下記の取引があった。下記取引について仕訳を行いなさい。
なお、KG株式会社では以下の勘定科目を使用している。
預金・売掛金・棚卸資産（在庫のこと）・買掛金・売上高・売上原価・給料・広告宣伝費

① 当期の商品仕入高の合計は 200,000,000 円であった。すべて掛け仕入である。

借方）（　　　　　　）（　　　　　　）

貸方）（　　　　　　）（　　　　　　）

＞仕入は棚卸資産です
＞掛けで仕入れるとは、買掛金の増加です

② 当期の商品販売高の合計は 350,000,000 円であった。すべて掛け売上である。
販売した商品の原価は 190,000,000 円であった。

借方）（　　　　　　）（　　　　　　）

貸方）（　　　　　　）（　　　　　　）

借方）（　　　　　　）（　　　　　　）

貸方）（　　　　　　）（　　　　　　）

＞商品の販売は売上高という勘定科目で表されます
＞掛け売りですので、売掛金になります
＞商品原価とは費用にあたります
＞仕入れた商品を販売しますので、棚卸資産の減少です

③ 当期の従業員への給与支払額は 70,000,000 円であった。なお預金で支払った。

借方）（　　　　　　）（　　　　　　）

貸方）（　　　　　　）（　　　　　　）

＞給与は費用です
＞預金で支払うと、現預金という資産の減少です

④ 当期の広告宣伝費は 5,000,000 円であった。なお、預金で支払った。

借方）（　　　　　　）（　　　　　　）

貸方）（　　　　　　）（　　　　　　）

＞宣伝広告費は費用です

⑤ 当期の買掛金の支払額は 180,000,000 円であった。

借方）（　　　　　　）（　　　　　　）

貸方）（　　　　　　）（　　　　　　）

＞買掛金の支払（減少）は負債の減少です

⑥ 当期の売掛金の回収額は 340,000,000 円であった。

借方）（　　　　　　）（　　　　　　）

貸方）（　　　　　　）（　　　　　　）

＞売掛金の回収（減少）は資産の減少ですが、それに対して預金の増加が起きています

解答は 44 ページ

## Step 4 仕訳から残高試算表へ

仕訳結果を取りまとめたものを仕訳帳といいます。仕訳帳は取引を日付順に記録したものであり、図表4-4のような形式です。

図表4-4 仕訳帳

| 日付 | | 勘定科目 | 転記 | 借方 | 貸方 |
|---|---|---|---|---|---|
| 2014 | | | | | |
| 4月 | 2 | 現金 | ××  | 1,000 | |
| | | 借入金 | ×× | | 1,000 |
| | 10 | | | | |
| | | | | | |

次に、仕訳帳から、総勘定元帳の作成に移ります。そのときの作業を転記と呼びます。仕訳の借方・貸方は、そのまま、総勘定元帳の借方・貸方に記入することになります。そのときに、勘定科目ごとに区分して転記することとなります。

以下は、預金についての例を示します。資産や負債の勘定科目には、期首残高（年度の初めにすでにある残高）があり、当年度の増減が記帳され、期末残高が計算されます。預金も資産なので、期首残高に対して、当期の預金の増減（借方が増、貸方が減）を日付順に記入していき、最終的に期末残高を計算します（図表4-5）。それに対して、費用や収益の勘定科目では、当年度の動きだけ記帳し、1年間の動きを集計することとなります。

図表4-5 総勘定元帳

現金

| | | | |
|---|---|---|---|
| 期首残高 | 1,000,000 | 4/5 | 3,000,000 |
| 4/2 | 2,450,000 | 4/10 | 18,900,000 |
| 4/7 | 25,000,000 | | ⋮ |
| | ⋮ | | |
| | ⋮ | 期末残高 | 1,200,000 |
| | 515,000,000 | | 515,000,000 |

なお、日本の多くの会社は会計年度を4月1日からはじまる1年間としています。したがって、期首は4月1日となり、期末は3月31日となります（会計期間の詳細は第5章参照）。

次に、残高試算表（あるいは単に試算表）を作成します。残高試算表は、総勘定元帳の各勘定科目の残高を一覧表としたものです。仕訳では、必ず借方と貸方が一致しますので、残高試算表でも借方合計と貸方合計は一致するはずで、一致しなければ、どこかで転記の誤り等をしています。残高試算表には、転記の誤り等を検証する役割もあります。

KG電機の仕訳結果に対して、総勘定元帳を作成する場合には、このような転記を、預金・売掛金・棚卸資産・買掛金・売上高・売上原価・給料・広告宣伝費の勘定科目ごとに行うことになります（図表4-6）。

**図表4-6　残高試算表**

□□年3月31日

| | 借方 | 貸方 |
|---|---|---|
| 現金・預金 | XXX,XXX | |
| 売掛金 | XXX,XXX | |
| 棚卸資産 | XXX,XXX | |
| 買掛金 | | XXX,XXX |
| 資本金 | | XXX,XXX |
| 売上高 | | XXX,XXX |
| 売上原価 | XXX,XXX | |
| 給料 | XXX,XXX | |
| 広告宣伝費 | XXX,XXX | |
| 合計 | X,XXX,XXX | X,XXX,XXX |

## Step 5　残高試算表から財務諸表へ

残高試算表から、財務諸表を作成してみましょう。残高試算表のうち、預金、売掛金、棚卸資産、買掛金と資本金までが、資産と負債および資本

**図表4-7　残高試算表から貸借対照表・損益計算書へ**
□□年3月31日

|  | 借方 | 貸方 |
|---|---|---|
| 現金・預金 | XXX,XXX | |
| 売掛金 | XXX,XXX | |
| 棚卸資産 | | XXX,XXX |
| 買掛金 | | XXX,XXX |
| 資本金 | | XXX,XXX |
| 売上高 | | XXX,XXX |
| 売上原価 | XXX,XXX | |
| 給料 | XXX,XXX | |
| 広告宣伝費 | XXX,XXX | |
| 合計 | X,XXX,XXX | X,XXX,XXX |

（上部：貸借対照表へ、下部：損益計算書へ）

のストックの動きを示しています。その部分を取り出して、貸借対照表を作成します。また、売上高から広告宣伝費までが、収益と費用のフローの動きを示しています。その部分を取り出して損益計算書を作成します（図表4-7）。

　残高試算表の借方と貸方の合計は一致しますが、それを貸借対照表と損益計算書に区分したときに、それぞれの借方と貸方は一致しません。貸借対照表の借方と貸方の差額が〇円であるとすると、損益計算書の費用と収益の差額はマイナスの〇円となります。この差額が当期純利益です。

　つまり、貸借対照表と損益計算書に区分する際に、貸借対照表の貸方に当期純利益分を加えると借方と貸方が一致しますし、損益計算書の借方に当期純利益を加えると、同様に、借方と貸方が一致します。

　図表4-8の右図では、貸借対照表の貸方に利益剰余金という科目がありますが、利益剰余金とは過去の純利益の累積額であり、これを原資として配当などが行われます。したがって、ある時点の利益剰余金は、過去の累

**図表4-8　貸借対照表と損益計算書の関係**

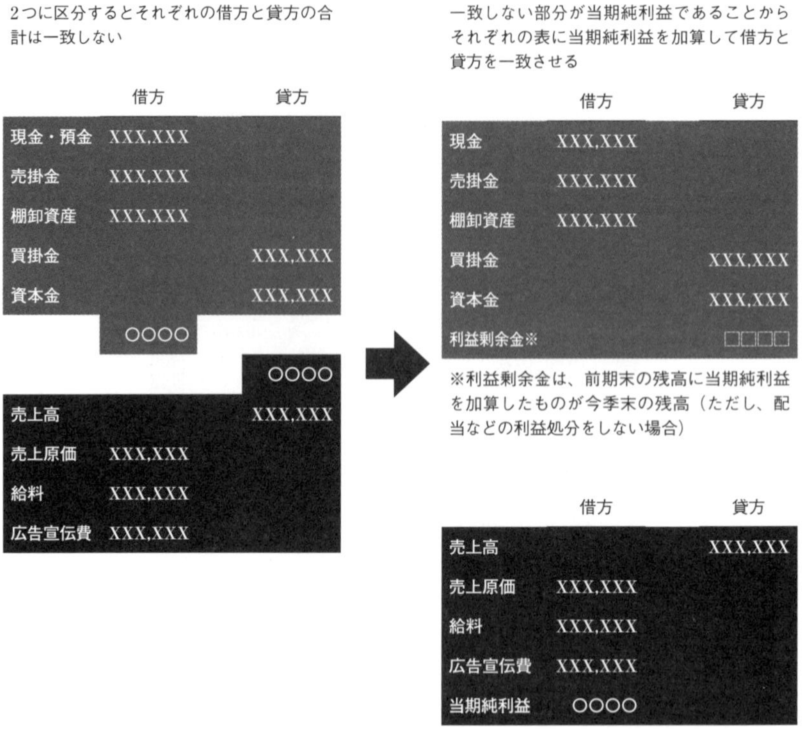

2つに区分するとそれぞれの借方と貸方の合計は一致しない

| | 借方 | 貸方 |
|---|---|---|
| 現金・預金 | XXX,XXX | |
| 売掛金 | XXX,XXX | |
| 棚卸資産 | XXX,XXX | |
| 買掛金 | | XXX,XXX |
| 資本金 | | XXX,XXX |
| | ○○○○ | ○○○○ |

| | 借方 | 貸方 |
|---|---|---|
| 売上高 | | XXX,XXX |
| 売上原価 | XXX,XXX | |
| 給料 | XXX,XXX | |
| 広告宣伝費 | XXX,XXX | |

→

一致しない部分が当期純利益であることからそれぞれの表に当期純利益を加算して借方と貸方を一致させる

| | 借方 | 貸方 |
|---|---|---|
| 現金 | XXX,XXX | |
| 売掛金 | XXX,XXX | |
| 棚卸資産 | XXX,XXX | |
| 買掛金 | | XXX,XXX |
| 資本金 | | XXX,XXX |
| 利益剰余金※ | | □□□□ |

※利益剰余金は、前期末の残高に当期純利益を加算したものが今季末の残高（ただし、配当などの利益処分をしない場合）

| | 借方 | 貸方 |
|---|---|---|
| 売上高 | | XXX,XXX |
| 売上原価 | XXX,XXX | |
| 給料 | XXX,XXX | |
| 広告宣伝費 | XXX,XXX | |
| 当期純利益 | ○○○○ | |

積利益から累積配当やその他の利益処分を行った後の剰余といえます。資本金に対して利益剰余金が積み上がっていくことで、純資産は充実していきます。

　このように、取引に対する仕訳から始まって、財務諸表のうち貸借対照表と損益計算書が作成されていく過程を概観してきました。仕訳が正確にできていれば、それを転記して整理していく過程を踏んで、財務諸表が作成されます。貸借対照表と損益計算書は、それぞれストックとフローの情報を開示しているとともに、両者には当期純利益を通じて整合的な関係にあります。

　以上の考え方を基に、残高試算表を作成し、そこから貸借対照表と損益計算書を導きます。例題として、問題2～4をやってみましょう。

## 問題2　転記

問題1の仕訳を総勘定元帳に転記しなさい。前期末の残高は最初から記入されています。
なお、相手勘定の記載は省略して金額の記載として差し支えありません。（単位は円）

預金

| | | | |
|---|---|---|---|
| 期首残高 | 50,000,000 | （　　　　） | （　　　　） |
| （　　　　） | | （　　　　） | （　　　　） |
| | | （　　　　） | （　　　　） |
| | | 期末残高 | （　　　　） |
| （　　　　） | | （　　　　） | |

売掛金

| | | | |
|---|---|---|---|
| 期首残高 | 10,000,000 | （　　　　） | （　　　　） |
| （　　　　） | | 期末残高 | （　　　　） |
| （　　　　） | | （　　　　） | |

棚卸資産

| | | | |
|---|---|---|---|
| 期首残高 | 40,000,000 | （　　　　） | （　　　　） |
| （　　　　） | | 期末残高 | （　　　　） |
| （　　　　） | | （　　　　） | |

買掛金

| | | | |
|---|---|---|---|
| | （　　　　） | 期首残高 | 15,000,000 |
| 期末残高 | （　　　　） | （　　　　） | |
| | （　　　　） | （　　　　） | |

売上高

| | | |
|---|---|---|
| | | （　　　　） |

売上原価

| | | |
|---|---|---|
| （　　　　） | | |

給料

| | | |
|---|---|---|
| （　　　　） | | |

広告宣伝費

| | | |
|---|---|---|
| （　　　　） | | |

解答は 45 ページ

## 問題3　残高試算表

総勘定元帳から2019年3月31日現在のKG株式会社合計残高試算表を完成させなさい。
（単位は円）

| 勘定科目 | 勘定残高 借方 | 勘定残高 貸方 |
|---|---|---|
| 預金 | 135,000,000 | |
| (　　　　　) | 20,000,000 | |
| 棚卸資産 | (　　　　　) | |
| (　　　　　) | | 35,000,000 |
| 資本金 | | 35,000,000 |
| 利益剰余金 | | 50,000,000 |
| (　　　　　) | | (　　　　　) |
| 売上原価 | (　　　　　) | |
| 給料 | (　　　　　) | |
| 広告宣伝費 | (　　　　　) | |
| 合計 | (　　　　　) | 470,000,000 |

解答は　46 ページ

## 問題4　財務諸表作成問題

合計残高試算表から貸借対照表および損益計算書を完成させなさい。（単位は円）

### 貸借対照表

| 預金 | (　　　　　) | 買掛金 | (　　　　　) |
|---|---|---|---|
| (　　　　　) | 20,000,000 | 資本金 | 35,000,000 |
| 棚卸資産 | (　　　　　) | 利益剰余金 | (　　　　　)※ |
| | (　　　　　) | | (　　　　　) |

### 損益計算書

| 売上原価 | (　　　　　) | 売上高 | (　　　　　) |
|---|---|---|---|
| (　　　　　) | 70,000,000 | | |
| (　　　　　) | 5,000,000 | | |
| 当期純利益 | (　　　　　) | | |
| | (　　　　　) | | (　　　　　) |

※利益剰余金は期首残高（前期末までの当期純利益の合計）に当期純利益を加えたものとなっている。

解答は　46 ページ

さらに詳しく学びたい人のために

### 仕訳から固定資産元帳へ

　総勘定元帳に対して補助元帳というものがあります。これは、仕訳から直接総勘定元帳に行くのでなく、一旦経由させるために、あるいは総勘定元帳から残高試算表に行くのと同時に別途、つくられる帳簿です。補助元帳の目的は、各勘定科目の内訳を説明・管理することです。たとえば、売掛金はいろいろな得意先への掛け売上から構成されています。得意先ごとに取引条件はさまざまなので、各月の売上を翌月25日に支払いをしてもらう先もあれば、売上から90日間支払いを猶予することもあります。事業が拡大していくと、そのような得意先ごとの管理が重要となってきます。そこに、売掛金の内訳書としての補助元帳（得意先元帳）の意義があります。

　第12章で学ぶ統一的な基準に基づく公会計における固定資産台帳にあたる固定資産元帳が、民間企業では複式簿記から財務諸表作成の過程で補助元帳として作成されます。固定資産元帳は、総勘定元帳では機械や備品といった科目で括られ合計としての記録しかない固定資産をそれぞれの資産ごとに管理するための台帳です。年に一度、棚卸しといって固定資産それぞれに付されている番号を固定資産元帳のそれと照合していき、資産がなくなっていないことや資産の状態を確かめることに利用されます。

　このように民間企業では、財務諸表作成の過程で固定資産元帳の整備が組み込まれていますので、保有する資産の捕捉ができています。その一方で、政府では現金主義会計であるので、決算書作成の過程で、例月現金出納検査などを通じて預金の所在を確認することはあっても、保有する資産の捕捉を行うプロセスはありません。そのことが資産台帳の不備につながっていました。

## 解答1

①当期の商品仕入高の合計は200,000,000円であった。すべて掛け仕入である。

| 借方) | 棚卸資産 | 200,000,000 | | | |
|---|---|---|---|---|---|
| | | | 貸方) | 買掛金 | 200,000,000 |

②当期の商品販売高の合計は350,000,000円であった。すべて掛け売上である。
販売した商品の原価は190,000,000円であった。

| 借方) | 売掛金 | 350,000,000 | | | |
|---|---|---|---|---|---|
| | | | 貸方) | 売上高 | 350,000,000 |
| 借方) | 売上原価 | 190,000,000 | | | |
| | | | 貸方) | 棚卸資産 | 190,000,000 |

③当期の従業員への給与支払額は70,000,000円であった。なお預金で支払った。

| 借方) | 給料 | 70,000,000 | | | |
|---|---|---|---|---|---|
| | | | 貸方) | 預金 | 70,000,000 |

④当期の広告宣伝費は5,000,000円であった。なお、預金で支払った。

| 借方) | 広告宣伝費 | 5,000,000 | | | |
|---|---|---|---|---|---|
| | | | 貸方) | 預金 | 5,000,000 |

⑤当期の買掛金の支払額は180,000,000円であった。

| 借方) | 買掛金 | 180,000,000 | | | |
|---|---|---|---|---|---|
| | | | 貸方) | 預金 | 180,000,000 |

⑥当期の売掛金の回収額は340,000,000円であった。

| 借方) | 預金 | 340,000,000 | | | |
|---|---|---|---|---|---|
| | | | 貸方) | 売掛金 | 340,000,000 |

解答2

## 預金

| | | | |
|---|---|---|---|
| 期首残高 | 50,000,000 | | 70,000,000 |
| | 340,000,000 | | 5,000,000 |
| | | | 180,000,000 |
| | | 期末残高 | 135,000,000 |
| | 390,000,000 | | 390,000,000 |

## 売掛金

| | | | |
|---|---|---|---|
| 期首残高 | 10,000,000 | | 340,000,000 |
| | 350,000,000 | 期末残高 | 20,000,000 |
| | 360,000,000 | | 360,000,000 |

## 棚卸資産

| | | | |
|---|---|---|---|
| 期首残高 | 40,000,000 | | 190,000,000 |
| | 200,000,000 | 期末残高 | 50,000,000 |
| | 240,000,000 | | 240,000,000 |

## 買掛金

| | | | |
|---|---|---|---|
| | 180,000,000 | 期首残高 | 15,000,000 |
| 期末残高 | 35,000,000 | | 200,000,000 |
| | 215,000,000 | | 215,000,000 |

## 売上高

| | |
|---|---|
| | 350,000,000 |

## 売上原価

| | |
|---|---|
| 190,000,000 | |

## 給料

| | |
|---|---|
| 70,000,000 | |

## 広告宣伝費

| | |
|---|---|
| 5,000,000 | |

解答3

| 勘定科目 | 勘定残高 借方 | 勘定残高 貸方 |
| --- | --- | --- |
| 預金 | 135,000,000 | |
| 売掛金 | 20,000,000 | |
| 棚卸資産 | 50,000,000 | |
| 買掛金 | | 35,000,000 |
| 資本金 | | 35,000,000 |
| 利益剰余金 | | 50,000,000 |
| 売上高 | | 350,000,000 |
| 売上原価 | 190,000,000 | |
| 給料 | 70,000,000 | |
| 広告宣伝費 | 5,000,000 | |
| 合計 | 470,000,000 | 470,000,000 |

解答4

貸借対照表

| 預金 | 135,000,000 | 買掛金 | 35,000,000 |
| --- | --- | --- | --- |
| 売掛金 | 20,000,000 | 資本金 | 35,000,000 |
| 棚卸資産 | 50,000,000 | 利益剰余金 | 135,000,000 |
| | 205,000,000 | | 205,000,000 |

損益計算書

| 売上原価 | 190,000,000 | 売上高 | 350,000,000 |
| --- | --- | --- | --- |
| 給料 | 70,000,000 | | |
| 広告宣伝費 | 5,000,000 | | |
| 当期純利益 | 85,000,000 | | |
| | 350,000,000 | | 350,000,000 |

# 第5章

# 決算の意義と財務諸表

　財務諸表は、貸借対照表や損益計算書などからなります。それぞれの表は相互に一定の関係を持っています。その構造を理解することは、企業会計を通じて財務状況を捕捉するうえでの基本ともいえます。

## Step 1　企業会計のアウトライン

会計処理は、会社が永久に継続して事業を営むという継続企業の原則に基づいています。財務諸表は、ステークホルダーに対して情報提供を行うためのものです。通常、会計期間を1年間と定めて会計期間ごとに財務諸表を作成し決算報告を行います。決算を行うために、決算整理仕訳などの追加手続が行われます。

### ❖決算とは何か

　会計処理は会社が永久に継続して事業を営むという継続企業であることを前提としています（例外的に整理することが予定されている企業の清算会計があります）。会社が永久に事業を継続するとしても、経営状況は日々変わっていきますから、ステークホルダーに対して会計報告を永遠に行わないわけにはいきません。そこで、人為的に定めた期間（通常は1年間、ただし何月何日から始めるかは会社の判断で自由に決められる）に区切っ

て、会計報告（財務諸表の作成等）を行うことが義務づけられています。**この財務諸表を作成する期間のことを会計期間とよびます。また、決算は会計期間ごとに財務諸表を作成し報告する行為と定義されます。**

### ❖決算手続

適切な損益計算を行うために追加的な会計処理を行うことを決算手続といいます。つまり、仕訳の結果を受けて試算表を作成した段階で、損益計算を公正に行う必要から、追加的な仕訳を決算段階で行うことがあります。たとえば、10月1日に新オフィスを借りて、1年分の家賃を前払いしたとします。会計年度が4月1日から3月31日の会社の場合、10月1日に借りる段階で前払いした家賃の半分は、次の年度の費用として会計処理すべきだということになります（図表5-1）。それをしなければ費用を適切に計上したとはいえません。

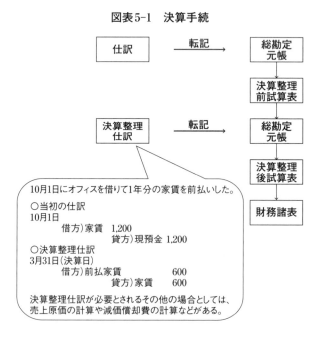

図表5-1　決算手続

第4章では、残高試算表から貸借対照表および損益計算書を作成しましたが、本来は、決算手続を行ったうえで、精算表を作成し、貸借対照表および損益計算書を作成します。精算表は、試算表と同じ構造で、試算表に決算手続（決算整理仕訳）による仕訳を計上したものです。

## Step 2　財務諸表の5つの構成要素

　財務諸表の構成要素は、ストック情報である資産、負債、純資産と、フロー情報である収益と費用からなります。ストック情報は貸借対照表と株主資本等変動計算書、フロー情報は損益計算書を形成します。現預金の動きはキャッシュ・フロー計算書で説明されます。また、純資産の変動は、株主資本変動計算書で説明されます。財務諸表は当期純利益と現預金残高等で整合性を持っています。

### ❖財務諸表の構成要素の意味するもの

　第4章では、勘定科目は、ストック情報である資産・負債・純資産と、フロー情報である収益・費用に分類されることを説明しました。これら5つを財務諸表の構成要素といいます。以下では、それぞれの構成要素が持つ意味合いについて説明します（国際公会計基準審議会（IASB）が2018年3月に公表した「財務報告に関する概念フレームワーク」@IFRS Foundationに基づく）。

　　○資産＝企業が過去の事象の結果として支配している現在の経済的資源
　　　→財産、金目のもの、長く使えるものであり、現金、預金、売掛金、固定資産（車、機械）などからなる。事業資産と金融資産に大別される。
　　○負債＝企業が過去の事象の結果として経済的資源を移転する現在の義務
　　　→いずれ支払わなければならない借金であり、借入金のほか買掛金、

未払金などからなる。引当金のような法的債務以外の義務も含まれる。
〇**持分**（純資産または資本）＝企業のすべての負債を控除した後の資産に対する残余持分
　→資産と負債の差額であり、元手にこれまで儲けた額を加えたものの残高などからなる。
〇**収益**＝持分の増加を生じる資産の増加または負債の減少（持分請求権の保有者からの拠出に関するものを除く）
　→代表的には売上高である。持分請求権の保有者からの拠出とは、株式会社の場合、株主による出資のことである。
〇**費用**＝持分の減少を生じる資産の減少または負債の増加（持分請求権の保有者への分配を除く）
　→人件費のほかいわゆる経費であり、仕入代金などはもちろんのこと広告宣伝費や、消費税などの間接税も経費の一部と考えられている。持分請求権の保有者への分配とは、代表的には配当である。

収益と費用の差が当期利益であり、いわゆる「儲け」にあたる部分です。

### ❖財務諸表とその関係
財務諸表は、通常、
① 貸借対照表＝資産、負債および純資産
② 損益計算書＝収益および費用
③ 株主資本等変動計算書＝資本の拠出、資本の分配および振替
④ キャッシュ・フロー計算書＝キャッシュ・インフローおよびキャッシュ・アウトフロー

の4表からなります。

　貸借対照表は直感的にいえば、右側が資金の調達源泉であり、左側がその資金の使途や運用先を表したものです。また、決算日時点における財務状況を表すことで、ストックベースの会社の経営を表したものといえます。
　それに対して損益計算書は、今年度にいくらの収益を得るためにいくらの費用をかけ、どの程度の純利益をあげたのかを表しています。また、そ

の会計年度の経営成績を表したもので、フローでの会社の経営を表したものといえます。

一方、現預金の動きを表したものが、キャッシュ・フロー計算書です。現預金の収支と当期純利益は一致しませんが、貸借対照表の資産における現預金の動きとは一致します。キャッシュ・フロー計算書は、過去に資金繰り表が上場会社の決算書として求められていた経緯もあり、資金繰りをみるものと理解されることがありますが、そのような意図はもちろんのこと、現在ではむしろ企業の価値を評価するにあたって、キャッシュ・フローは売上以上に重要な意味合いを持つことがあります。

資産の合計額と負債の合計額＋純資産の合計額は一致すると同時に、**キャッシュ・フロー計算書の現預金期末残高は貸借対照表の資産の部における現預金残高と原則として一致し、損益計算書の当期純利益は貸借対照表の純資産の部の利益剰余金の今年度の増加分となります**。株主資本等変動計算書とは、純資産の変化を示したものですので、貸借対照表上の純資産の前期と当期の差額に一致します。変動する原因としては当期利益のほか、株主との取引（出資受入・配当）、その他の包括利益の認識などがあります。

財務諸表間の関係はたいへん重要です。その関係は、図表5-2と5-3で示しています。

## 図表5-2 財務諸表の関係 (1)

貸借対照表の意義：会計期間末時点の財務状況（資産・負債）を表すストック表である。
貸借対照表の区分：流動項目と固定項目に分類される。分類の方法には営業循環期間と1年基準がある。営業循環基準とは現預金→商品・買掛債務→売掛債権→現預金という営業循環のなかにあるものを流動項目とする考え方。この営業循環に含まれない資産・負債は決算日の翌日から1年以内のものを流動項目とする。

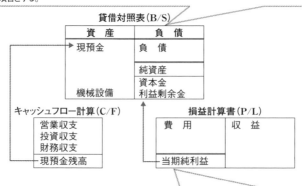

損益計算書の意義：会計期間の財務状況の変動のうち実現したものを表すフロー表である。一定期間の企業活動の成果を表すものと説明される。
損益計算書の区分：損益計算書は、収益を営業収益（売上高）、営業外収益、特別利益の3つに、費用を営業費用（売上原価、販売費および一般管理費）、営業外費用、特別損失、税金費用の5つに区分する。その結果、売上総利益、営業利益、経常利益、税引前当期純利益、当期純利益の各段階利益が算出される。

## 図表5-3 財務諸表の関係 (2)

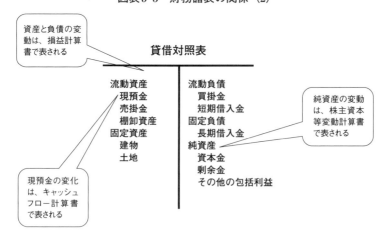

| Step 3 | **各財務諸表の機能**

貸借対照表は、資産や負債などのストックベースで、ある会計期間の期末における財務状況を表すものであり、その他の財務諸表である損益計算書、株主資本等変動計算書、キャッシュ・フロー計算書の3つは、それぞれ貸借対照表の各部分の1年間の変化分として、その内訳を詳しく表すものであるといえます。

貸借対照表は会計期間末の財務状況を表すもので、その他の財務諸表（損益計算書、株主資本等変動計算書、キャッシュ・フロー計算書）は、それらが関係する貸借対照表の各勘定科目の1年間の変化の内訳を詳しく説明するものともいえます。

 さらに詳しく学びたい人のために

**継続企業の前提が成り立たないときの財務諸表**

本章では企業が永久的に継続することを前提に、決算という人為的な区切りが必要だということを学びました。では、この前提（継続企業の前提）が成立しなくなった場合、財務諸表はどのようになるべきなのでしょうか。

日本の会計基準設定機関である企業会計基準委員会（ASBJ）が発行する基準には、清算を前提とした会計基準は明確ではありません。ただし、日本の会計基準をより広義にとらえ会社法まで範囲を広げると、会社法第492条は「清算人（清算人会設置会社にあっては、第489条第7項各号に掲げる清算人）は、その就任後遅滞なく、清算株式会社の財産の現況を調査し、法務省令で定めるところにより、第475条各号に掲げる場合に該当することとなった日における財産目録及び貸借対照表（以下この条及び次条において「財産目録等」という。）を作成しなければならない。」とし、会社法施行規則第144条第2項において、「財産目録に計上すべき財産については、その処分価格を付すことが困難な場合を除き、法第475条各号に掲げる場合に該当することとなった日における処分価格を付さなければな

らない。この場合において、清算株式会社の会計帳簿については、財産目録に付された価格を取得価額とみなす。」というルールが存在します。これは、会社法は清算における残余財産の分配を適切に行うための最低限のガイドラインを示したものといえ、会計処理の細かい点については説明がありません。

　一方で、米国会計基準においてはLiquidation basis accountingという考え方があり、2013年には細かい会計処理についても規定する基準書の改正が行われました。このなかでは、たとえば資産は、その資産が処分あるいは回収される時点で見積もられる現預金の額で測定・表示することとされています。また、従来の貸借対照表に計上されていなかった資産でも、売却されるか、負債の返済に利用できるものは、その価値を計上しないといけないことになっています。収益・費用についても合理的な見積もりができるものについて、清算までの期間に生じるものすべてを一括して認識させます。国際会計基準は、企業は経営者が企業を清算する意図がある、あるいは現実的にそうせざるを得ない状況にない場合を除き、継続企業を前提とした財務諸表を作成しないといけないと述べているのみで、日本基準同様、清算を前提とした具体的な会計処理について明らかにしていません。

 理解度確認のための小テスト

　決算の意義について述べたうえで、貸借対照表と損益計算書の関係について説明しなさい。
　決算は人為的に区切った会計期間（通常、1年間）ごとに財務諸表を作成し報告する行為をいう。貸借対照表は会計期間末の財政状況を表すものであり、その他の財務諸表（損益計算書、株主資本等変動計算書、キャッシュ・フロー計算書）はすべて財政状況の変動を説明するものである。損益計算書における当期純利益は、貸借対照表における純資産の利益剰余金の今年度の増加分にあたる。

# 第6章

# 現金主義会計と発生主義会計

　現金の動きを追いかけ、資金の収支を明らかにする会計処理を「現金主義会計」といいます。それに対して、費用や収益がいつどれくらい発生したかに着目して収益構造を明らかにする会計処理を「発生主義会計」といいます。その違いを理解しておくことは重要です。

## Step 1　認識とそのルール

認識のルールは、発生主義（現金の収入・支出にかかわらず、取引の事実が発生した時点で認識するという原則であり、いわゆる実現主義を含むもの）と、現金主義（現金の収入・支出時点で収益・費用を認識するという原則）からなります。

### ❖会計上の認識と測定

　仕訳とは、取引を分析し、勘定科目に区分して金額を決定するものと説明しました。その場合、それはいつ（認識）のことであって、それはいくら（測定）であるのかが重要となります。「認識」とは、会社が収益・費用・資産・負債を報告すべきタイミングを決定するプロセスです。それに対して、「測定」は、貸借対照表および損益計算書で認識され計上されるべき財務諸表の構成要素の金額を決定するプロセスです。本章では、「認識」

について考えます。

### ❖認識のルール

認識のルールは、発生主義（現金の収入・支出にかかわらず、取引の事実が発生した時点で認識するという原則であり、いわゆる実現主義を含むもの）と、現金主義（現金の収入・支出時点で収益・費用を認識するという原則）からなります。一般的には、企業会計は発生主義会計に基づいており、現金主義会計と区別しています。

会社は資金不足が発生すれば、支払いができなくなりますから、信用力が低下して結果的に倒産に追い込まれる事態となります。その一方で、当面の現金さえあれば持続可能ともいえません。大きな額の借入を行って、支払いを先送りし、その返済能力がないとなれば、当面は資金があっても後に資金不足に陥ることが想定されるからです。長期的な持続可能性の診断では発生主義会計がより重要となります。

どちらの側面も重要であるので、政府会計のように現金主義会計であっても発生主義的な要素を取り込むことがあり、企業会計のように発生主義会計であっても資金創出力の観点からキャッシュ・フロー計算書が財務諸表として開示されています。

### ❖発生主義会計と現金主義会計の違い① ──商品を販売する場合

たとえば、商品を販売する場合に、どのタイミングで認識するかについて考えてみましょう。上記のような流れで、顧客から100万円の商品の注文を受けて引き渡した時点で決算を迎え、翌年度に代金を回収する場合、発生主義会計では、商品を引き渡した時点（年度）で売上を認識し、代金を回収した時点（年度）で現金を認識するため次のようになります。

引　　渡：　借方）売掛金　　　　100　　　　貸方）売上高　　　　100
代金回収：　借方）現預金　　　　100　　　　貸方）売掛金　　　　100

一方、現金主義に基づく仕訳では、現金が動いたときに認識しますので、代金回収時点（年度）で売上高を認識することになります。

代金回収：　借方）現預金　　　　100　　　　貸方）売上高　　　　100

図表6-1 発生主義と現金主義の例示①──商品を販売する場合

| 販売契約（注文） | 引渡 | 決算 | 代金回収 |

発生主義：引渡時点
現金主義：代金回収時点

　この場合の現金主義会計と発生主義会計の認識の違いを示したのが図表6-1です。

## Step 2　現金主義と発生主義の仕訳の違い

　家賃を1年分前払いした場合、発生主義に基づく仕訳では、支払時に前払家賃という資産が計上され、当該年度と翌年度の2回に分けて費用を計上します。反対に、1年後に後払いした場合には、最初の年度に家賃相当額を費用計上するとともに、未払家賃という負債が認識され、翌年度に現金が支払われて未払家賃が解消されます。

### ◈発生主義会計と現金主義会計の違い②──1年前払いの賃貸契約の場合

　それでは、前章で取り上げた事例で、9月30日の段階で、オフィスの家賃を翌日10月1日から1年分前払いした場合について考えましょう。半年分は支払日の属する年度（X1年度）、残り半年分は翌年度（X2年度）となります。発生主義に基づく仕訳では、支払時に前払家賃という資産が計上され、X1年度とX2年度の2回に分けて費用を計上します。

| X1/9/30： | 借方）前払家賃 | 1,200 | 貸方）現預金 | 1,200 |
| X2/3/31： | 借方）家賃 | 600 | 貸方）前払家賃 | 600 |
| X2/9/30： | 借方）家賃 | 600 | 貸方）前払家賃 | 600 |

　それに対して、現金主義の仕訳では、支払時に費用として全額認識されます。

| X1/9/30： | 借方）家賃 | 1,200 | 貸方）現預金 | 1,200 |

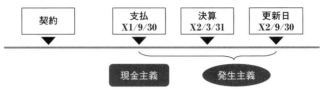

図表6-2　発生主義と現金主義の例示②——1年前払いの賃貸契約

この場合の現金主義会計と発生主義会計の認識の違いを示したのが図表6-2です。

### ◈発生主義会計と現金主義会計の違い③——1年後払いの賃貸契約の場合

逆に、10月1日からオフィスの家賃を1年分、契約終了日に後払いする場合について考えましょう。発生主義に基づく仕訳では、最初の半年分の家賃について現預金は動きませんが、家賃相当額は費用として計上し、未払家賃という負債が認識されます。翌年度に現預金が減って、当年度分の家賃を払い、未払家賃が解消されます。

```
X2/3/31：　借方）家賃　　　　　600　　　貸方）未払家賃　　　　600
X2/9/30：　借方）家賃　　　　　600　　　貸方）現預金　　　　1,200
　　　　　　借方）未払家賃　　　600
```

それに対して、現金主義の仕訳では、支払時まで一切の費用が認識されません。

```
X2/9/30：　借方）家賃　　　　1,200　　　貸方）現預金　　　　1,200
```

この場合の現金主義会計と発生主義会計の認識の違いを示したのが図表6-3です。

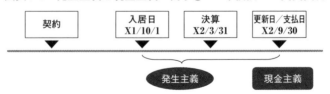

図表6-3　発生主義と現金主義の例示③——1年後払いの賃貸契約

### Step 3　費用と収益の会計年度の一致

会計年度を1年と区切っているために、年度をまたいで費用と収益が発生する場合には、費用と収益の認識年度を対応させる費用収益対応原則に基づいた会計処理が必要となります。仕入れた年度以降に販売する場合には、仕入れ分は仕入れた年度の棚卸資産として計上し、販売する年度の費用として認識します。

#### ❖費用と収益の期間が対応しない

　当期利益は収益と費用の差額ですので、当期利益を公正に算出するためには、費用と収益の帰属する年度（期間）は一致していなければなりません。仮に製造業で、X1年度に原材料を仕入れて倉庫に入れておいて、それを取り出して製品を完成させたものの、製品が実際に販売されるまでに決算日が到来し、X2年度に販売した場合、仕訳は次のようなものとなります（図表6-4）。

| 材料使用： | 借方）材料費 | 100 | 貸方）材料 | 100 |
| 製品完成： | 借方）製品 | 100 | 貸方）材料費 | 100 |
| 製品販売： | 借方）売上原価 | 100 | 貸方）製品 | 100 |

図表6-4　商品を製造する

　この例では、X1年度は貸借対照表の勘定科目間での仕訳のみで、費用は認識されていません。しかし、原材料を加工する際に、労務費が発生していた場合は、費用が発生した年度と販売した年度が異なることになります。そのため、原則どおりに考えるのではなく、費用と収益を対応させて適正な期間損益計算を行うために、発生主義の考え方を修正する必要が生じます。

### ◈費用収益対応の原則の考え方

費用収益対応の原則とは、会計期間ごとの損益を正しく算出するために、収益とそれを得るために発生した費用が対応するように計上する原則をいいます。そのためには、ある期間の収益（売上高）から、この収益を獲得するために犠牲となった費用を差し引くことが合理的となります。つまり、認識時点を修正する必要があります。

前例のように、製造業において、労務費など当期に発生した費用は当期製造費用として認識されるものの、当期の費用（売上原価）として計上されるのは、当期に販売された製品に対応する部分だけとしなければ、費用収益対応原則を満たしません。そこで、販売されなかった製品に関する労務費は、棚卸資産（製品、仕掛品など）として計上し、費用の認識時点を修正することが必要になります。

たとえば、前述の例で、労務費は100万円で原材料費とあわせて製造原価が200万円だとした場合、次の仕訳になります。

X1年度

| | | | | | |
|---|---|---|---|---|---|
| 材料購入： | 借方）原材料 | 100 | 貸方）現預金 | 100 |
| 製品製造： | 借方）労務費 | 100 | 貸方）現預金 | 100 |
| 製品完成： | 借方）製品 | 200 | 貸方）原材料 | 100 |
| | | | 労務費 | 100 |

X2年度

| | | | | | |
|---|---|---|---|---|---|
| 製品販売： | 借方）売掛金 | 220 | 貸方）売上高 | 220 |
| | 売上原価 | 200 | 製品 | 200 |

また、商品を10個分、1,000万円仕入れたとして、当該年度に8個分が売れてその売上高が合計1,200万円となったとします。その場合、当該年度の売上高は8個分の1,200万円ですが、費用は10個分である1,000万円として、利益はその差額である200万円とすると、費用と収益が対応しないこととなります。費用は、10個分のうちの8個分、800万円として認識して、収益1,200万円との差額の400万円が利益と考えるべきです。その際、仕入れたうち、残っている2個分である200万円は、棚卸資産として貸借対照表の資産に計上することになります。

翌年度に残った2個分を販売するときには、棚卸資産が200万円減少して、同額が費用として認識されるとともに、2個分に対する売上が売上高に計上され、その差額が翌年度分の収益となります。このように、費用と収益を対応させるための会計処理が必要となるのは、会計期間を1年と区切っているからだといえます。

 さらに詳しく学びたい人のために

### 収益認識基準の統一

収益の認識は企業会計にとってもっとも重要な命題です。企業は持続成長のために利益を出さなければならず、そのためには売上という収益をあげなければなりません。また、売上は企業の規模や会計期間の成果をもっとも端的に表します。したがって、経営者にとって売上をいつ認識するかは重大な関心事です。

従来、米国会計基準と国際会計基準において、売上の認識はまったく異なる考え方でなされていました。米国会計基準はどちらかというと日本基準に似た考え方で、「収益は実現（realized）または実現可能（realizable）となった時点で、また収益が獲得（earned）された時点で認識すべきである」とされており、すべての基準においてルールを潜脱できないように、細目の要件を設けており、その要件が1つでも満たされないと、収益の認識を認めませんでした。一方で、国際会計基準は原則主義といわれ、売上の認識はリスクとタイトル（所有権）が顧客に移転したタイミングで認識するとされ、いつリスクやタイトルが移転したと考えるのかについて、基準は一切説明していませんでした。

このように両基準は、細目主義対原則主義という根本的な考え方の違いに加え、着目している経済事象が異なるため、同じ取引でも異なるタイミングで収益が認識されるという問題がありました。

国際的な会計基準の統合の流れの中、この収益認識基準の統一というのは、重要なテーマとなってきました。国際会計基準の設定機関である

IASBと米国会計基準の設定機関であるFASBは協議を重ね、ついに平成26（2014）年に両機関は共通基準の合意に至りました。

新収益認識基準といわれるこの基準（IFRS15号、ASC606号）は、収益認識に至るまでのステップを5つの段階に分解し、ステップごとに取引を詳細に検討する必要があります。ここでは詳細は説明しませんが、収益認識というテーマが企業経営にとって重要なテーマであり、会計基準を統合することの意義を理解していただければと思います。

また、この流れを受け日本でも、平成27年から収益認識に関する包括的な会計基準の開発が企業会計基準委員会において始まり、草案の策定から各関係団体からのパブリックコメントの検討を経て、平成30年3月に国際会計基準とほぼ同内容の企業会計基準第29号「収益認識に関する会計基準」が公表されています。この基準は令和4（2022）年4月から適用されますが、米国基準・国際基準の新収益認識基準が各国で適用されるタイミングと合わせる形で、平成30年4月1日以降の開始事業年度から適用することも認められています。

理解度確認のための小テスト

会計上の認識について2つの考え方を述べたうえで、費用収益対応の原則との関係を説明しなさい。

発生主義とは、現金の収入・支出にかかわらず、取引の事実が発生した時点で収益・費用を認識するという原則であるのに対し、現金主義会計は現金の収入・支出時点で収益・費用を認識するという原則である。発生主義会計が企業会計の原則的な認識のうえでの基準であるが、費用と収益を同じ期間に対応をさせて公正に利益を計算するために、発生主義会計を修正して、一部の発生費用は対応する収益が認識されるまで繰り延べられる。これを費用収益対応の原則という。

# 第7章

# 取得原価主義会計と時価主義会計

　前章は認識（いつであるか）を取り上げましたが、本章は測定（いくらであるか）を取り扱います。会社の資産等を評価するにあたって、取得時の価格を基にする取得原価主義会計と、取得後に資産価格が値上がる（または値下がる）ことを考慮する時価主義会計の2つがあります。それぞれ、一長一短があります。

## Step 1　測定の2つの考え方

　測定の考え方には、取得原価を基準として資産や負債を評価する取得原価主義と、時価を基準として資産や負債を評価する時価主義の2つに大別されます。取得原価主義には客観性に優れるなどのメリットがある一方で、時価主義には会社の資産・負債に生じた含み損益等を適切に表すというメリットがあります。

### ❖測定のルールとしての取得原価主義と時価主義

　前章で取り上げた認識は、会社が収益・費用・資産・負債の計上すべきタイミングを決定するプロセスであり、「いつ」についての課題を取り上げました。前章と本章では、貸借対照表および損益計算書で認識され計上されるべき財務諸表の構成要素の金額を決定するプロセスであり、「いくら」

すなわち測定に関する課題を取り扱います。

測定にあたっては、大別して、取得原価主義（取得原価を基準として資産や負債を評価する原則）と時価主義（時価を基準として資産や負債を評価する原則）の2つがあります。財務諸表を作成するにあたって、もっとも一般的に採用されている測定基礎は取得原価です。

### ❖取得原価主義会計の意義

取得原価主義会計には、株主への配当や税金を支払う際に実現していない利益が社外に流出することを防ぐことができ、また客観性に優れるという利点があります。たとえば、会社が保有する株式が取得原価より高く市場で取引されている際に、時価評価を行って、収益を認識した場合、実際には売却するまで手元に存在しない含み益部分まで株主へ配当されてしまうことになります。そのことが資金ショートをもたらしたり、時価が反転して低下したりした場合に、含み損を取り戻せないなどの問題が生じます。

また、時価評価を行う場合には、活発な取引のある市場が存在しないことが通常で、参照する時価が公正であるかどうかという課題があり、客観的に正しい評価であるかどうかの判断が難しいといえます。取得原価主義がとられることが多いのはそのような理由からです。

### ❖時価主義会計の意義

時価主義会計の意義は、会社の財政状況に生じている含み損益を適切に表し、投資家に有用な情報を提供することにあります。設立以来の歴史が古い会社が自社ビルを持っているとして、その底地（土地）の評価が仮に100年前の創業時の取得価格で認識されている場合に、会社が保有する資産の価値には、取得原価主義では十分反映されません。時代の流れは、緩やかに取得原価主義から時価主義へウエイトが移っており、かつては取得原価主義だけに基づいていましたが、資産価格等が下がっているときに例外的に時価主義を取り入れる傾向があります。

現在では、売買目的の株式等の有価証券は、時価で評価し、その評価差額は当期の損益として処理します。また、支配目的の株式や満期保有目的

の有価証券は、取得原価が評価額となりますが、時価が著しく下落し回復の見込みがない場合は時価まで評価減し、その評価差額を当期の損失として処理（強制評価減といいます）します。さらに、これら以外の有価証券は、時価で評価しますが、ただちに売買・換金するものではないので、評価差額は損益には計上せず純資産の部に独立項目で計上されます。加えて、土地や建物は原則、取得原価主義ですが、大きく値下がりしたときには減損会計として一部に時価主義を適用します。

会計基準は国ごとに違うものですが、現在、国際的に統一する動きがあります。国際会計基準における測定基礎は、

① Historical cost（取得原価）
② Current cost（再調達原価）
③ Realizable value（正味実現可能額）
④ Present value（現在価値）

の4つからなります。そのうち、②〜④は広義の時価主義であるといえるように、時価主義にはいくつかの定義があります。

近年、会計の世界では、時価とは公正価値（市場参加者間で秩序ある取引が行われた場合に、資産の売却によって受け取るであろう価格または負債の移転のために支払うであろう価格）のことであると理解されることが多いですが、それはさまざまな時価計算の考え方を集約した考え方だといえます。

次に、時価の一種であって、会社の経営判断を行う場合にきわめて重要な考え方である現在価値の考え方に注目します。

## Step 2　異なる時点の価値をそろえる

2つの異なる時点での価値をそろえるには、将来の価値を割り引いて現在の価値に置き換える現在価値とするか、現在の価値を複利計算で将来価値に置き換えるかのどちらかです。現在価値は、金利で割り引くために、金利が上がれば割り引く割合も大きくなり、金利が下がれば逆に割り引く割合は小さ

くなります。

### ❖時点が違う貨幣の価値の比較

　まず、将来の100万円と現在の100万円はどちらの価値が高いでしょうか。今すぐもらえる100万円と5年待てば100万円もらえるのでは、文句なしに今すぐの方がうれしいですし、価値も高いといえます。それでは、5年後の100万円と、今すぐの何万円が同じ価値といえるでしょうか。100万円よりも小さいことは間違いないですが、いくらになるかといえば、そこでは金利の考え方が必要になることがわかります。

　今、どこかの銀行に、5年間、定期預金をしたときに、5年後にぴったり100万円になるには、いくら預け入れればよいかということが、5年後の100万円と同じ価値を持つ今の金額ということになります。今の金額、つまり現在価値です。定期預金の金利を1年間で仮に1.2％としたときに、5年後には1.2％の複利計算になりますから、5年後の100万円の現在価値 $x$ は、

　　　$x \times 1.012^5 = 100万円$

　　　$x = 100万円 \div 1.012^5 = 94万2,101円$

となります。3年後の1万円は、同じ金利であれば、今の9,648円です。つまり、ここでは金利の複利計算が重要なポイントとなります。2つの時点での価値をそろえるには、将来の価値を割り引いて現在の価値に置き換える現在価値を求める（図表7-1）か、現在の価値を複利計算で将来の価値に置き換える（図表7-2）かのどちらかです。

　現在価値は割引現在価値と呼ぶこともありますが、そのときの割引率とは、金利によって決まります。金利が上がれば割り引く割合も大きくなり、金利が下がれば逆に割り引く割合は小さくなります。どの金利で割り引くかは大きな問題ですが、現実には、多くの場合、国債の金利などが用いられています。

**図表7-1　将来価値の算定**

◇ 毎年1.2%の金利がつく預金（元本1万円）の3年後の将来価値はいくらか？

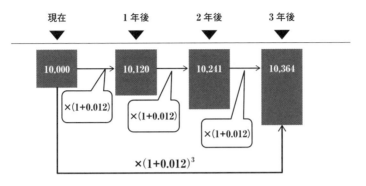

**図表7-2　現在価値の算定**

◇ 3年後に1万円となる毎年1.2%の金利がつく預金の現在価値はいくらか？

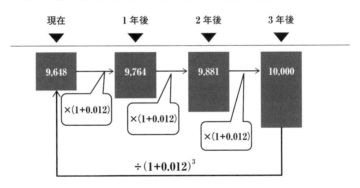

### Step 3　キャッシュ・フローから資産価格を導く

取得価格がない資産等にあたっては、キャッシュ・フローをもとに現在価値を用いて価値を評価することがあります。理論株価は配当の将来キャッシュ・フロー、理論地価は地代の将来キャッシュ・フローに基づき求めることができます。実勢価格が理論価格を超えて持続的に上昇するときには、根拠の薄い過熱した値上がり期待によって、利用価値以上に資産価格が高騰している

「バブル」が発生している可能性があります。

### ❖現在価値の適用例

取得価格がそもそも最初から存在しない、あるいは信頼できない場合があります。たとえば、退職金を一時払いしないで、退職時から20年間にわたって年金のかたちで払っていくこととする場合、会社にとって退職金は負債ですが、負債として評価すべき額は、20年間の予定支払額の単純合計額ではありません。20年後の年金給付額は、（1＋金利）の20乗で割り引いた額になります。したがって、1年後から20年後までの年金給付額の割引現在価値の合計が、会社が負うべき年金債務の額ということになります。7年のリース契約で取得した資産に対するリース債務の額も、7年間のリース料を現在価値で割り引いて合計した額です。資産価値がついていない、あるいは信頼できないなどの理由から、将来のキャッシュ・フローを用いて公正価値を計算するような場合には、同様に、毎年度のキャッシュ・フローを現在価値に置き換えて合計した額が、資産または負債の価値となります。

### ❖理論株価と実際

株式を保有していると、株主として、その会社が黒字決算をする限り、黒字の一部を株主に分配する配当がもらえます。株は売ったり買ったりして、差額で儲けることもできますが（キャピタル・ゲイン、資本利得）、保有しているだけで配当（キャピタル・インカム、資本所得）があります。現在から将来まで、ある会社の株を1株保有しているときに毎年の配当がいくら入ってくるかを予想した場合、配当というキャッシュ・フローの現在価値の合計額が理論株価といえます。ただし、理論株価と実際の株価は通常一致しません。それは会社の業績が将来どうなるかが見通せないので、株式市場では、株価の値上がり期待などの要因が強く働き、株価が決まっているからです。

## ❈ 地価とバブル

　配当の将来キャッシュ・フローの現在価値の合計が理論株価であるとすれば、理論地価は、土地の賃貸収入（地代）の将来キャッシュ・フローの現在価値の合計といえます。土地は資産として価値のあるものですが、土地の資産価値は、その土地を持っていれば、どのような収益をあげられるかによって決まります。商業地の一等地にある土地の場合には、そこでコンビニなどの商業店舗を開店したときに、想定される売上高に対して、地代をどこまで払えるかを考えて、払える地代の上限を将来キャッシュ・フローとして地価の理論値を求めることができます。住宅地の場合には、そこで借家を建てたとしてどれくらいの家賃で借り手が現れるかによって決まります。したがって土地の値段は、その土地の利用価値によって本来決まると考えられます。

　わが国はかつてバブル経済の下で、土地の値段が持続的に上昇した時期がありました。そのときには、賃貸料で逆算した理論地価をはるかに超える地価で土地が取引されていました。相次ぐ地価上昇から過熱した値上がり期待が、土地の値段を押し上げ、それがさらに値上がり期待を生んだために、利用価値の上昇では説明できないほど、地価がうなぎのぼりになりました。しかし、値上がり期待は、土地の利用価値に下支えされたものではなく、実体のないバブル（泡）に押し上げられたものですので、やがてはじけて、地価は一転して長期的に下落しました。

　バブルによって資産等の価値が跳ね上がることは、世界の各国で歴史的にも何度も起きています。有名なものでは、17世紀のオランダで起きたチューリップ・バブルがあります。資産価格が異常に高騰し、好景気に沸くものの、それが反転をして不況に陥るという歴史の繰り返しは、市場経済というものが、本来、投機的な要因に左右され、不安定である宿命を背負っていることを表しています。

さらに詳しく学びたい人のために

### 減損の取扱い

　国際的な企業では、海外の子会社の業績が悪化して、それが本体の経営に、ときに致命的といわれるほどの影響を及ぼすことがあります。子会社で発生した巨額の損失は親会社の減損損失となり、それが連結業績へ大きく影響します。

　このような減損損失という言葉は企業の経営が上手くいっていないことを象徴するものです。イメージとしては、固定資産やのれんなどの価値が下落したという内容なので、時価主義の適用と考えられるかもしれません。のれんとは、会社を買収・合併する際に、買収価格が取得した資産の額を上回る額をいいますが、第9章で改めて取り上げます。

　本章でも触れたように、固定資産の会計基準は、国際基準でも日本基準でも取得原価主義です。では、減損とは何でしょうか。これは、固定資産やのれん（投資目的の有価証券も含まれるが、基準によって対応は異なる）は取得時の価値で評価するものの、時価との乖離が一定程度みられる場合にその取得価額を時価に置きなおすという処理で、取得原価主義会計のなかで、ステークホルダーに有用な情報を提供する目的で時価主義の考え方を取り込んだものです。

　一定程度の乖離のとらえ方は、各国の基準により異なります。また、減損損失が計上されるのは、一定程度の乖離を超えたタイミングとなるため、結果的に巨額の損失となります。加えて時価には見積もりの要素が多くあるので、会計基準は詳細に定めており、慎重に検討が行われる会計処理です。

　各国の基準には違いがあるものの、重要な点は、「いつ」と「いくら」という会計の基本的な部分です。

　「いつ」という点は、どの基準においても減損の兆候があるタイミングで、まずテストをするという部分で同様です。兆候とはたとえば、資産の市場価値の著しい低下であったり、使用方法の変更、あるいは特定の事業が連

続して赤字の状況にあったりする場合などです。減損が、企業経営が上手くいってないことの象徴的な事象というのは、赤字のときにテストを行うことが求められるからともいえます。また、価値の下がった（時価が低い）事業資産にこだわっているために、赤字となっているともいえ、テストの結果として時価の減少分の減損損失を認識することになります。

　米国会計基準と国際会計基準は、のれんなどの耐用年数が存在しない無形資産については、兆候がなくとも年1回のテストを要求しています。テストをすることは、即減損ということになりません。固定資産やのれんの帳簿価額が現在の時価（公正価値、国際会計基準では使用価値および処分費用控除後の公正価値のいずれか高い金額）を上回っていれば、減損は不要です。さらに、日本基準と米国会計基準では、公正価値を計算する前に、単純な将来のキャッシュ・フローの見積合計が帳簿価額を上回っていれば、公正価値の計算を省略してもよいことにしています。これは、公正価値を求めるには大変な労力を要するからです。

　「いくら」という部分は、固定資産については公正価値が帳簿価額を下回っている金額だけということになります。

　一方、のれんについては少し複雑です。公正価値の計算の重要な要素である将来のキャッシュ・フローがのれんだけでは生み出せないからです。のれんは実態のある固定資産と一体となって初めてキャッシュを生み出せることができるものであり、のれん単独では、キャッシュは生み出せません。これは、商標権などの他の無形固定資産との違いでもあります。したがって、のれんは固定資産と一緒にくくって一定の単位（米国会計基準ではレポーティングユニット、国際会計基準ではキャッシュジェネレーションユニット）で公正価値を計算します。なお、キャッシュを割り引く際の割引率は、預金の例では金利（リスクフリーレート）でしたが、のれんや固定資産のキャッシュ・フローを見積もって割り引く場合には、キャッシュ・フローが変動するリスクを割引率に織り込む必要があります。

理解度確認のための小テスト

　会計上の測定について2つの原則を述べたうえで、現在価値について説明しなさい。

　会計上の測定については、取得原価主義と時価主義の2つがある。取得原価主義は、一般的には客観的に測定が可能であって広く用いられることが多い。一方、時価主義は会社の財務状況に生じている含み損益を適切に表して、投資家に有用な情報を提供するという利点がある。趨勢としては、可能な限り資産・負債を公正価値で評価する国際会計基準の影響から、緩やかに時価主義の考え方が広がりつつある。特に地価等が大きく値下がりした場合には、それを反映させる減損会計が適用される。

　時価主義の一種に現在価値の考え方がある。時点の異なるものの価値を比較するときに、将来の価値を金利で割り引くことによって現在価値を求めて比較することが有用である。理論株価（地価）は配当（地代）のキャッシュ・フローの現在価値の合計として求めることができる。

# 第8章

# 資金繰りと償還能力、減価償却の考え方

　会社の経営の健全性を保つためには、償還能力が確保されている（発生主義会計の意味で健全）と同時に、資金繰りがつけられていて支払いに困らない（現金主義会計の意味で健全）という状態を常に確保していくことが必要です。また、発生主義会計では減価償却が重要となりますが、その考え方については誤解されやすいところがあります。ここでは、その機能を考えてみましょう。

## Step 1　2つの健全性

　儲かっている会社であっても資金繰りがつかなくなれば倒産に追い込まれることがあります（黒字倒産）。発生主義会計で黒字とは将来の償還に見通しがつくことを意味し、現金主義会計で黒字とは足元の資金繰りがつくことを意味します。その両方が必要ですが、発生主義会計の黒字は銀行融資を受ける基本条件であり、融資によって資金繰りが確保できます。

### ❖儲かっているが経営が苦しい会社とは

　次のような事例を考えてみましょう。建物を建設する会社が、大きなオフィスビルを建設中で、3年後に売上が100億円、利益が15億円計上されることが見込まれています。一方、建材の仕入等が30億円あり、それは

先に支払わなければなりません。当然、人件費等の経費は毎月のように必要です。3年後の売上が確実だとしても、3年後まで常に資金が必要となります。

売上が3年後というようなケースでなくても、売上としては5月に計上しながら、すぐには現金化されず、6月にまず約束手形を受け取り、決済して現金化できるのは10月というようなことは常にあります。人件費や諸経費は毎月支払う必要があり、売上が現金で毎日のように入ってくる一部のビジネスでない限り、また自己資金を十分に持つか、銀行から必要に応じて融資を受けない限り、資金繰りを常に考えなければなりません。

会社が振り出す約束手形には、金額、決済期日、発行日、振出人、名宛人が書かれています。決済期日になれば、それを銀行にもっていけば、振出元の会社の当座預金から引き落とすことができます。A社はB社の手形を現金化して（手形を落とす）、C社に対して発行した手形の決済に備えます。もしもB社の資金繰りが詰まって手形が落とせず（手形が不渡りになる）、A社の資金繰りが詰まってしまうと、C社宛の手形が不渡りになります。不渡りを6か月以内に2度出すと、銀行取引が停止され現金決済しかできなくなりますので資金繰りがつかず、事実上の倒産状態となります。B社の影響でA社が倒産状態となり、場合によってはそれがC社に及ぶような場合、連鎖倒産が起きるといいます。会社はこのように資金繰りによって倒産に追い込まれることとなります。

## ◈発生主義会計の黒字と現金主義会計の黒字

当期純利益が出ていることは、収益が費用を上回っており発生主義会計の損益計算（経営成績）では健全といえます。しかし、資金不足となっている場合もありうるので、財務状況が健全とは限りません。ただし、発生ベースで安定して黒字ということは、将来も黒字が見込め、これにともなう継続的な資金流入が期待できます。したがって、**発生主義会計で黒字であることは、融資しても償還確実性があることを意味します。現金主義会計で黒字であることは、資金繰りがついていることを意味します。**この2つがともにそろっていないと健全であるとはいえません。

ただし、「発生主義会計で健全である＝償還能力がある」とおおむねいえるので、金融機関から融資が受けられる基本条件が整います。その結果、現金主義会計（財務状況）の健全性もクリアできます。したがって、一般的には、発生主義会計で健全であることの方が重要だといえます。

ところが、何らかの理由で銀行が融資を断った場合には、資金繰りが詰まって倒産に追い込まれます。発生主義会計で黒字なのに倒産することを黒字倒産といいます。企業活動が滞ると経済には大きな打撃ですから、それを考えると黒字倒産は避けるべきです。金融機関がバブル崩壊後に不良債権を大量に抱えたことで融資能力がなくなり、貸し渋りが起きたことがありました。

そこで、金融庁は銀行などに対して、貸し渋りをしないように、強く求めました。不況期に政府が行う経済対策では、中小企業などに対して政府関係金融機関が融資をすることがあります。不況が終わって景気が回復すると、業績が改善して倒産しなくて済むような会社ならば、政府が支援してでも倒産を回避すべきであり、政府関係金融機関が貸し付ける資金も回収できるので問題ないといえます。

## Step 2　認識の違いと減価償却

現金主義会計と発生主義会計では、退職金については、認識のタイミングが異なり、前者では支払時に一括して認識しますが、後者では毎年度の要引当額を費用として認識します。設備投資についても、現金主義会計では支払時に一括して認識するのに対して、発生主義会計では耐用年数内に減価償却費として配分します。

### ❖現金主義会計と発生主義会計の具体的な違い

第6章で述べたように、同じ支出項目であっても、現金主義会計と発生主義会計では、費用の認識のタイミングが異なります。人件費の場合、毎月支払う給与は、現金主義会計も発生主義会計も費用認識タイミングは同

じです。ところが、退職金の場合には、大きく異なります。退職金は退職時に一括払い（あるいは退職時点から一定期間の年金払い）されることが通例なので、現金主義会計では、支払われた年度の経費に全額が計上されます。それに対して、発生主義会計では、社員の退職金の支払額の基礎が在職年数に比例することを考えると、退職時に支払う退職金もその在職中のサービスに応じたものであるといえます。そこで、退職金規定により将来支払うことになるであろう金額のうち、各年度に帰属すると想定される部分を毎年度に費用として認識するとともに、引当金という負債を貸借対照表に計上することになります。

現金主義会計と発生主義会計の違いとして、もっとも際立っているのは、設備投資費用の認識の仕方です。現金主義会計では、設備投資にかかる代金を支払った時点で全額を費用として認識しますが、発生主義会計では、その設備の耐用年数に着目して、支出後、耐用年数が終わるまでの期間に分割して費用として認識することになります。第2章の「会社の利益とは何か」のたこ焼き屋の利益でも触れましたが、その額を減価償却費と呼んでいます。減価償却とは、すなわち、1年で費消されない設備のコストを、耐用年数の範囲内の各年に配分することです。これを特に期間配分といいます。

### ❖減価償却の考え方

減価償却方法は、耐用年数の間に、毎年度定額を償却する定額法と、毎年度一定率で償却する定率法が代表的ですが、どの方法を採用するかは会社が会計方針として選択します。図表8-1では、100万円の営業用資産を8年かけて償却する場合に、定額法と定率法のそれぞれに基づいた減価償却費を示しています（資産の取得日はX1年度の年初とします）。

定額法では、毎年度同額を償却するのに対して、定率法では未償却残高に対して、毎年度同率を乗じることで償却額を定めます。定率法は、定額法に比べて、早い年度に多くの額を償却することになり、費用が大きく算定され法人税の負担も軽減されるので、減価償却費等を現在価値で比較すると、キャッシュアウトが遅れることで金利相当のメリットが生じることから、かつては多くの会社が定率法を採用していました。

図表8-1　減価償却の考え方（100万円の償却資産、減価償却期間8年の場合）

|  | 定額法 | | | 定率法 | | |
| --- | --- | --- | --- | --- | --- | --- |
|  | 償却額<br>(限度額) | 償却累積額 | 未償却残高 | 償却額<br>(限度額) | 償却累積額 | 未償却残高 |
| X1年度末 | 125,000 | 125,000 | 875,000 | 250,000 | 250,000 | 750,000 |
| X2年度末 | 125,000 | 250,000 | 750,000 | 187,500 | 437,500 | 562,500 |
| X3年度末 | 125,000 | 375,000 | 625,000 | 140,625 | 578,125 | 421,875 |
| X4年度末 | 125,000 | 500,000 | 500,000 | 105,468 | 683,593 | 316,407 |
| X5年度末 | 125,000 | 625,000 | 375,000 | 79,101 | 762,694 | 237,306 |
| X6年度末 | 125,000 | 750,000 | 250,000 | 79,260 | 841,954 | 158,046 |
| X7年度末 | 125,000 | 875,000 | 125,000 | 79,260 | 921,214 | 78,786 |
| X8年度末 | 124,999 | 999,999 | 1 | 78,785 | 999,999 | 1 |

※定率法でX6年度末以降は税務上の償却保証額を適用している

### Step 3　減価償却は現金を貯めることを意味しない

　減価償却は、資産の取得にかかる費用の認識にあたり、減価償却期間に配分することであり、資産の再取得に必要な現金を貯めることではありません。償却資産取得のための資金全額を借入金でまかなって、耐用年数で借入金を償還し、当期純利益がゼロで推移する場合、結果的に借入金の償還はできるものの、現金を蓄えることが目的ではありません。

#### ◈減価償却に対するよくある誤解

　現金主義会計の感覚からすると、いちばんわかりにくいのが減価償却です。企業会計で減価償却費を費用として認識することは、償却資産の償却期間が終わり、資産を再取得する際に、そのために必要な資金を預金として留保しているというイメージが持たれがちですが、それはよくある誤解です。

　それに近いのは、償却資産を全額、自己資金（資本金）で取得したケースです。資産を購入する直前の、貸借対照表は、資産の部に一定の現金が計上されています。資産を取得した段階で資産の部の現金が償却資産に振

図表8-2 自己資金(資本金)で資産を取得した場合

資産を取得した時点でいったん現預金が相当額だけなくなるものの、毎年度の利益がゼロで償却期間の終わりまで推移するならば、減価償却分だけ、現預金が段階的に増加し、償却期間が終わった時点で、自己資金分だけの現預金が復活する

り替わります。償却期間にわたる収入がすべて現金流入をともなうものであり、減価償却費を差し引いた後の当期純利益がゼロまたはプラスとなる場合、償却費相当だけ現金が内部に残り、この部分は当期純利益となっていないので、配当により社外に流出せず、また税金の支払い対象にもなりません。その意味において、最初の投資額だけ現金が残るといえます(図表8-2)。

それに対して、償却資産を全額、借入金で取得し、その返済期間が減価償却の耐用年数と同じで、償却期間が終わるまで当期純利益がゼロの状態で推移したとします。資産取得時には、資産の部に償却資産が、負債の部に同額の借入金が計上されます。上述したプロセス(市税金や配当で社外に資金が出ていかないこと)により毎年度の減価償却費だけの現金が確保できるので、それで借入金を順次償還していくとすれば、資産の減価にあわせて借入金の残高も減少していき、最終的に、償還期間が終われば、償却資産も借入金もゼロになります。その場合には、借入金は償還できますが、再取得のための現金が手許に残るわけではありません。減価償却とは、あくまで費用を期間に配分することであって、減価償却費控除後の当期純利益がゼロで推移する場合には、償却が終わった段階で、資産取得時の状態に戻ることとなります(図表8-3)。

発生主義会計であれば、減価償却をすることで再建築価格にかかる貯金

### 図表8-3　借入金で資産を取得した場合

資産を取得した時点で資産と同額の負債が計上されるが、償却期間の終わりまで推移するならば、減価償却分だけ、借入金を償還していくことで、毎年度、資産と借入金が同額減少し、償却期間が終わった時点で、資産と借入金の両方がゼロとなる

がされているので、耐用年数の過ぎた公共施設等の建て替えの財源に困らないというのは誤解です。借入金で建築したものは、減価償却を認識したところで、借入金の返済と建替資金の蓄積の両方を行うわけではありません。その点は十分な注意が必要です。

 さらに詳しく学びたい人のために

#### 減価償却期間と減価償却方法

減価償却期間は使用する資産の物理的な耐用年数だけでなく経済的な耐用年数を考慮して決定されます。IFRSでは、具体的には下記の4つの要件すべてを考慮して決定することを求めています。

① 予想される使用量
② 予想される物理的自然減耗
③ 技術的または経済的陳腐化
④ 資産の使用に対する法的または類似の制約

この考えに基づくと、工場閉鎖の意思決定をした場合には、その工場に存在する固定資産から生まれる経済的便益が減少している（予想される使用量が工場閉鎖後はゼロとなる）ので、耐用年数を工場閉鎖までの期間に

短縮し、意思決定時から工場閉鎖までの期間で残りの帳簿価額を償却することが実務上行われることがあります。

　また、償却方法を考える際は将来の資産の消費パターンを反映するように償却を行うことが求められています。したがって、日本基準のように定率法が有利（早い段階の税金を減らせるなど）というだけで定率法を採用することは認められていません。消費パターンを考える場合、たとえば機械の使用が耐用年数にわたり一定と見込まれれば定額法をとることになります。一方で、定率法のような消費パターン（最初に多く生産があり、後ろの方では少ないなどのパターン）が存在することは一般的に少ないと考えられ、IFRSを導入した会社のほとんどが採用年度かその前年度に会計方針を定率法から定額法に変更しています。

 理解度確認のための小テスト

　退職金と設備投資について、現金主義会計と発生主義会計では、「いつ」と「いくら」がどのように異なるのか、それぞれについて説明しなさい。

　退職金の場合、現金主義会計では、支払時に全額を認識するが、発生主義会計では、毎年度、退職金のために引き当てておくべき要引当額を費用として認識する。設備投資についても、現金主義会計では、支払時に全額を認識するが、発生主義会計では、毎年度、減価償却期間にわたって定額法や定率法などのルールに基づいて、取得した額を配分する金額にあたる減価償却費を費用として認識する。

# 第9章

# 連結財務諸表と企業結合会計

　会社は、複数社で合併したり、一定以上の株式を取得して子会社化し、支配と従属の関係にしたりすることがあります。その場合には、複数の会社であっても1社であるかのように、会社を結合した会計報告を行う必要があります。

　連結財務諸表の作成は、会計としてはやや高度なものです。それを本章で取りあげたのは、連結財務諸表の作成に係る技術論の大切さもさることながら、企業の価値を計るためにどのような考え方で会計処理を行っているかについて興味を持ってもらいたいからです。

## Step 1　企業の価値を測る

会社は、他の会社を支配したり、買収・合併をしたりすることがあります。一定以上の株数を持つことで、株主総会で議決権を行使し、意思決定を支配することができます。会社を買収・合併する際に、買収価格が取得した資産の額を上回る額を「のれん」と呼びますが、それは優れた企業文化など会計的に識別可能な資産以外の価値からなります。

### ❖ M & A（Mergers and Acquisitions）とは何か
　会社は法人格を持っていますが、他社を「支配」することがあります。

親会社は子会社に対して支配と従属の関係をもっています。ある会社が、吸収合併や買収などのM＆Aによって、他の会社を支配下に置くことがあります。

M＆Aに踏み切る動機の代表的な例では、買い手となる会社の場合、
① 自社が弱い事業やマーケットを補うような会社を買う
② 業界内のシェアを増やすために同業種の会社を買う
③ 経営が悪化している会社を安く買取り、再生させて売却益をねらう
などがあります。

また、会社の売り手の場合であれば、
① 自社のコアでない事業や子会社を売却する
② 新規投資の資金を得るために、よい値段がつく事業や子会社を売却する
などがあります。

会社が他の会社と協力関係を結ぶ場合、業務提携や技術提携などでは支配関係は生じませんが、資本提携や合弁会社となると支配の関係が強くなり、子会社化して連結決算（決算を一体化させること）が必要となってきます。一般的にA社がB社の株式の過半数を保有している場合、B社はA社の子会社であるといいます。

### ❖保有株数に応じた議決権

株式会社では、株式の数に応じて株主総会で支配力を行使できます。株主は自然人のように1人1票ではなく、保有する株数に応じて議決権を行使できますので、一定以上の株を保有している株主は、株主総会の議決をコントロールできます。過半数の株式を保有していると決算の承認などの通常の普通決議が議決でき、3分の2以上の株式を保有していると定款の変更、事業譲渡、解散などの特別決議が議決できます（また、3分の1超で特別決議を否決できます）。

### ❖M＆Aにおける仕訳と「のれん」の意義

M＆Aにおいても、適切な会計処理が必要です。その場合、借方に取

得した資産（合併や買収した会社）を計上し、貸方に引き継いだ負債や取得の対価を計上しますが、その両者が一致するとは限らないので、その差額を「のれん」という勘定科目で処理するのが基本的考え方です。

　取得に要した金額より、取得した資産から引き継いだ負債を除いた額の方が小さければ、のれんは資産として借方に計上されます。その場合、のれんとは、会計的に識別可能な資産以外の優れた企業文化や、社員のモティベーションの高さ、老舗の信用力や顧客層の広さ、独特のノウハウなどの無形の価値に対する金銭的な評価ということになります。また、そういった無形の価値と自社の既存資産との相乗効果によりもたらされるシナジー効果と説明されることもあります。

　会社の買収価格は、貸借対照表の資産と負債の差額である純資産に必ずしも一致しません。その理由として、通常の買い物では、買う物の価値とそれを手に入れるために必要なコストは同じですが、M＆Aでは同じとは限らないからです。また、買収先の会社の財務諸表が時価表示でないことがあります。つまり、保有する資産の価値が、現在の価格で評価されていません。それに加えて、個々の資産の時価合計が、会社全体の時価と同一ではないことがあります。会社の価値は、保有する資産の価値というよりもどれくらい収益をあげられるかで決まってくるともいえます。買収価格の決定手法には、以上のようなインカムアプローチ（会社が生み出す収益に基づく）、コストアプローチ（保有する資産の価値に基づく）のほかに、マーケットアプローチ（類似の会社の買収価格の実績に基づく）、の3つの手法があります。それぞれ評価結果は一致するとは限りません。

### Step 2　買収・合併時の財務諸表

合併を行う場合、存続会社は吸収会社に対して合併比率を示します。一般に合併比率は、吸収会社の株主に対して、自社1株に対して吸収会社の株式の価値を計算することで決まります。合併しないで支配・従属関係となる2つ以上の会社については、連結財務諸表の作成が必要となります。

### ❖合併の会計的な扱いの例

　A社がB社を買収するケースで、A社はB社に対して合併比率を1対2と示したとします。B社の発行済株数は50万株、A社の株価は5円とします。ほかに、B社の保有する土地は簿価で100万円、時価評価に直すと300万円の価値があるとします。A社がB社を合併する場合、どのように仕訳され、のれんの価値はいくらとなるでしょうか。

　合併比率が1対2であるとは、存続会社のA社は、消滅会社B社の株式は自社株2株分の値打ちがあると認めたことを意味します。これは、A社の価値がB社の価値より低いことを意味しません。なぜなら、A社の方が、発行済株式数が多く1株当たりの価値が薄まっているだけかもしれないからです。

　B社の発行済み株式は50万株で、A社の株式時価は5円なので、B社株主が受け取る対価は、A社の株に換算して100万株（＝50万株×2）、その価値は500万円（＝100万株×5）となります。合併直前のB社の貸借対照表では、資本金は100万円、剰余金は40万円となっていますが、合併にあたって、A社はB社に対して、500万円の価値を認めたということになります。

　その理由として考えられることは、B社の資産に取得価格である簿価では表れていない時価評価をしたときの価値（含み益）が認められることや、B社には会計的な処理では表れない会社としての魅力である「のれん」があることなどです。

　合併時に行う仕訳のB社の貸方では、純資産は140万円ですが、土地には取得原価主義の下で認識されてこなかった含み益があるため、これを買収にあたり100万円から300万円に修正すると、合計が340万円になるため、のれんは160万円相当額となります。その場合、のれんの価値は、合併比率を1対2としたことで結果的に決まるものです。B社の貸借対照表を、のれん分を含めて評価し直したうえで、A社の貸借対照表と同じ項目を合算することで、新A社の貸借対照表ができます。

　図表9-1では、B社の貸借対照表を仕訳し、土地は時価評価した結果、100から300となり、のれん160を計上して、資本金を500に改めたうえで、

## 図表9-1　企業合併の会計的取り扱い

A社はB社を買収する。合併比率は1：2
B社の発行済み株式は50株、A社の株式時価は＠500
B社の土地には含み益があり、時価は300

A社貸借対照表

| 資産 | 600 | 負債 | 200 |
|---|---|---|---|
| 土地 | 300 | 資本金 | 700 |
| その他 | 50 | 剰余金 | 50 |
| | 950 | | 950 |

新A社貸借対照表

| 資産 | 650 | 負債 | 230 |
|---|---|---|---|
| 土地 | 600 | 資本金 | 1,200 |
| その他 | 70 | 剰余金 | 50 |
| のれん | 160 | | |
| | 1,480 | | 1,480 |

B社貸借対照表

| 資産 | 50 | 負債 | 30 |
|---|---|---|---|
| 土地 | 100 | 資本金 | 100 |
| その他 | 20 | 剰余金 | 40 |
| | 170 | | 170 |

仕訳

| 資産 | 50 | 負債 | 30 |
|---|---|---|---|
| 土地 | 300 | 資本金 | 500 |
| その他 | 20 | | |
| のれん | 160 | | |

A社と統合して、新A社の貸借対照表としています。

### ◈連結財務諸表の報告

　合併すると、2つの会社の貸借対照表は1つになりますが、合併せずに支配・従属関係にある2以上の会社からなる企業集団についても、単一の組織体とみなして、親会社が当該企業集団の財政状況および経営成績を総合的に報告します。これを連結決算といいます。支配と従属の関係にある会社は、1つの会社であるように報告する必要があります。

　連結財務諸表作成が必要とされる理由は、大別して、
　① 合併して他社を自社内に取り込むことも、子会社として置いておくことも、経営実態は同じであり、子会社も含めた企業集団の決算が求められること
　② 子会社に売上を行って収益をあげたとしても、外部に売られるまでは実質的に資産を移動させただけのことであるが、法人単位の決算で

は収益があがっているようにみえてしまって不合理であること（飛ばし行為の排除）
③　子会社の株式は取得原価で親会社の貸借対照表に計上されたままとなり、子会社の経営実態が反映されないこと

の3つです。

## Step 3　連結財務諸表の作成に向けて

ある会社が他の会社の株式の過半数を取得することなどにより、連結財務諸表を作成しますが、その際、未取得分は非支配株主持分として計上します。子会社化を進める際に、子会社の株式に対して親会社が株価をどのように設定するかによって、子会社ののれんの額が決まり、それが連結財務諸表に計上されます。

### ❖連結財務諸表作成の手続き

　連結財務諸表の作成では、各社の決算内容の合算することになりますので、合算しやすいように決算期の統一や会計方針の統一を進めることが求められています。

　連結の対象となる会社間では、通常、さまざまな取引を行っていますので、企業集団間での売上・仕入や売掛金・買掛金を連結財務諸表上から消去する「内部取引の消去」が必要になります。また、それだけではグループ会社から購入した資産（在庫・固定資産）に含まれる利益が消えないことから、個別にこれらを消去する「未実現利益の消去」の手続きが必要となります。

### ❖連結財務諸表の例

　合併の場合には、相手の会社を買収して株式を100％取得しますが、相手の会社を支配するためだけならば、買収しなくても、株主総会で通常議決の議決権を得ることができる50％超の株式の取得で十分です。

51％しか株式を取得していない場合でも、支配・従属の関係にあることから、取得した会社の貸借対照表の100％を連結する連結財務諸表を作成しなくてはなりません。その際に、親会社が取得していない部分の資産に相当する割合を純資産の部に、非支配株主持分として計上することとなります。

　仮に、A社がB社の発行済み株式の70％を350万円で買収して子会社化するとします。B社の土地には含み益があり、簿価は100万円だが時価は300万円とします。その場合の連結財務諸表は、次のように考えます。

　連結する場合の仕訳では、貸方にA社が取得したB社株式350万円（70％分）と、未取得の株式150万円（30％分）を非支配株主持分として計上します。その結果、貸方は500万円となります。なお、現実には非支配持分と支配持分の1株当たり取得価格は同じになりません。支配持分にはコントロールを得ることによるメリットが大きく、そのためコントロールプレミアムといわれる部分を多く支払うことになるからです。

　借方に、子会社化される直前のB社の貸借対照表の資本金が100万円、剰余金が40万円、およびB社の保有する土地の含み益分200万円（簿価100万円に対して時価である300万円との差額）を計上すると、借方と貸方が一致するためにはのれんは160万円となります。

　その場合、のれんがその額となるのは、A社がB社の子会社化にあたって、発行済株式50万株に対して、1株10円という株価をつけた（つまりそれだけの価値を認めた）ことに基づいています。

　図表9-2で示した連結貸借対照表では、貸方に、負債はA社とB社の合計、純資産では、資本金と剰余金はA社分が計上されるほか、非支配株主持分が計上されます。それに対して、借方はA社の資産からB社株式を引いたものとB社の資産合計に加え、B社にかかるのれんが計上される結果、借方と貸方が一致します。

### 図表9-2　連結財務諸表の例

A社はB社株式の70％を350で買収する。
B社の発行済み株式は50万株、B社の株式時価は@500
B社の土地には含み益があり、時価は300

A社貸借対照表

| 資産※ | 600 | 負債 | 200 |
|---|---|---|---|
| 土地 | 300 | 資本金 | 700 |
| その他 | 50 | 剰余金 | 50 |
|  | 950 |  | 950 |

※B社の株式350万円を含む

新A社貸借対照表

| 資産 | 300 | 負債 | 230 |
|---|---|---|---|
| 土地 | 600 | 資本金 | 700 |
| その他 | 70 | 剰余金 | 50 |
| のれん | 160 | 非支配持分 | 150 |
|  | 1,130 |  | 1,130 |

B社貸借対照表

| 資産 | 50 | 負債 | 30 |
|---|---|---|---|
| 土地 | 100 | 資本金 | 100 |
| その他 | 20 | 剰余金 | 40 |
|  | 170 |  | 170 |

仕訳

| 資本金 | 100 | B株式 | 350 |
|---|---|---|---|
| 剰余金 | 40 | 非支配持分 | 150 |
| 土地 | 200 | ※全部のれんアプローチ | |
| のれん | 160 | | |

※非支配持分にものれんを認めるかにより購入のれんアプローチがあります。その場合、のれん数は112（＝350-(100＋40＋200)×70％）となり、非支配持分は102となります。

## さらに詳しく学びたい人のために

### M＆Aにおける合併比率の考え方

合併の際、被合併会社の株主に対し、その持ち株に応じて交付する株式の割当比率のことをいいます。会社が合併を行う際、合併により消滅する会社の株主に対して存続（または新設）会社の株式が割り当てられることになりますが、消滅する会社の株式に対して存続（または新設）会社の株式が何株割り当てられるかの比率を示します。仮に、A社（存続会社）とBB社（消滅会社）が、合併比率がA社1対BB社0.5として合併する場合、BB社株1株とA社株0.5株が同じ価値ということになり、消滅会社のBB

社株を1株持っている株主は、存続会社A株0.5株と交換してもらえることとなります。

PPA（Purchase Price Allocation）

先に述べたように買収に要したコストと実際に得られた資産の差額は、のれんというかたちで資産計上されますが、会計上、識別可能な資産は、のれんという曖昧な勘定ではなく、実態を表す資産として貸借対照表に計上されなければなりません。そのような資産を認識・測定する作業がPPAと呼ばれるものです。PPAの過程において、買収された会社の決算で取得原価主義の下、計上されてこなかった有形資産の含み益に加え、顧客リスト、商標権（自社ブランド）などといった無形資産が計上されます。

### 理解度確認のための小テスト

M＆Aにより生じる「のれん」とは何か、会計上の意義（発生する過程・発生する理由含む）を説明しなさい。

M＆Aとは合併や買収により他の会社を取得し、支配・従属の関係に置くことである。その際、M＆Aでは、取得した資産と取得に要したコストは一致しない場合があり、その差額はのれんとされる。

買収する側が買収される会社に対して、財務諸表に表れない価値を見いだし、それに応じた買収価格を設定することによって、のれんの額が決まることとなる。のれんの本質は、個々の経済価値としては識別することのできない企業文化のよさや、それを支える社員のモティベーションの高さ、老舗の信用力や顧客層の広さ、独特のノウハウなどの無形の価値である。また、そういった無形の価値を自社の既存資産との相乗効果によりもたらされるシナジー効果と説明されることもある。

# 第10章

# 企業価値と財務戦略

　会社の財務戦略とは財務の健全性を維持するだけでなく、資金調達および運用の効率化を図り、企業価値を最大化する戦略を立てることです。会社にとって、資金調達は重要な経営上の課題の1つです。資金調達を、株式を発行して自己資金のかたちで行うか、銀行融資など借入金で行うかによって、資金調達にかかるコストとそれにともなうリスクが大きく違ってきます。また、その調達した資金を効率的に運用していくことで企業価値は高まっていきます。

## Step 1　企業価値を測定する3つのアプローチ

会社の行動原理は企業価値を高めて持続可能性を強めていくことです。企業価値の測定方法には、会社が保有する資産に着目するコストアプローチ、会社が獲得するであろう将来キャッシュ・フローの現在価値に着目するインカムアプローチ、株式の時価総額で価値を測るマーケットアプローチがあります。

### ❖企業価値とその測定

　会社は、お金を社外から調達し、このお金を使ってビジネスを成功させ利益を出し、事業規模を拡大させるというサイクルを繰り返すことで、継続して企業価値を高めることをめざすものであり、それが会社の行動原理

といえます。企業価値とは、会社が持つ事業の価値を金額で表したもので、企業会計は、この企業価値を測るためのツールです。

### ❖企業価値の算定方法

前章で会社の買収価格について説明しましたが、買収価値＝企業価値であり、それを測定するアプローチは、次の3つがあります。

① コストアプローチ（図表10-1）

会社が持っている資産の価値を企業価値とする考え方。その場合、A社の貸借対照表の資産が710であるならば、企業価値もそれと同額とみなします。

**図表10-1 コストアプローチ**

企業が持っている資産の価値が企業価値との考え方。

企業価値は710

貸借対照表

| | | | |
|---|---|---|---|
| 資産 | 710 | 負債 | 330 |
| | | 資本金 | 200 |
| | | 剰余金 | 180 |
| | 710 | | 710 |

② インカムアプローチ（図表10-2）

会社が将来、獲得するであろうキャッシュ・フローの想定値に対して、割引現在価値の合計を企業価値とする考え方。A社は、今後3年間毎年1,000を稼ぐ計画であるとし、借入金利は10％とする場合には、1年後から3年後までのキャッシュ・フローの割引現在価値は2,486となります。もっとも会社は3年で清算するわけではないので実際には一定の成長率で永久に成長していく仮定をおいて計算します。

### 図表10-2　インカムアプローチ

企業が将来稼ぐ現金の価値が企業価値との考え方。
例：A社は今後3年間毎年1,000を稼ぐ計画である（借入金利は10%とする）。

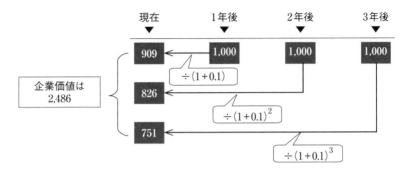

③　マーケットアプローチ（図表10-3）

　株式の時価総額と負債の合計を企業価値とする考え方。A社は株式を100株発行しており、株式市場で1株10で取引されているとすれば、「資本金＋剰余金」である純資産は貸借対照表では380であるものの1,000に相当するとみなし、それに負債330を合算した1,330が企業価値となります。対象会社が上場していない場合、同業種の会社の価値を参照して計算することもあります。

### 図表10-3　マーケットアプローチ

株式の時価総額と負債の合計が企業価値との考え方。
例：A社は株式を100株発行しており、市場で1株10で取引されている。また、貸借対照表は以下のとおりである。

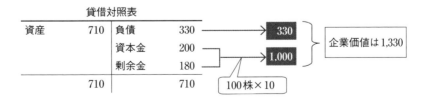

## Step 2　自己資金と借入金の最適な組み合わせ

会社は資金繰りがつかなくなると倒産しますので、財務戦略はたいへん重要です。株主からの出資は返済不要ですが調達コストは高く、銀行からの借入は返済の資金繰りによっては会社の倒産リスクにつながりますが、出資よりも調達コストは安価です。出資と借入の最適な組み合わせを実現していくことが重要です。

### ❖資金調達のコスト

会社が資金を調達する方法には2つの方法があります。1つは株式を発行することによりお金を調達する方法です。もう1つは、銀行などからお金を借りることです。

株主からの出資は自己資金であり、返済不要ですが、調達コストは低くありません。株主は株主有限責任の原則があるため、会社からの資金分配順位は、銀行などの貸し手より低く設定されます。つまり、利益がないと配当はされませんが、金利は必ず払わなければなりません。会社が倒産した場合の残余財産の分配の優先順位も低くなります。また、株価が下落しても、株主は損失を被ることになります。そのため、資金運用という観点からすると、会社にお金を貸すよりも株式を購入する方が、リスクが高くなるので、株主が期待するリターンは、債権者が貸し付ける際に求める貸付金利よりも高い水準が求められることになります（ハイリスクな投資対象は、それだけハイリターンでなければ運用されません）。それに対して、銀行からの借入は返済が必要ですが、一般に支払金利という意味での調達コストは、自己資金よりも安価です。

つまり、会社からみて、株式による資金調達のコストである株主資本コストを測る際には、倒産や株価下落のリスクも考慮して算定する必要があります。

### ❖最適な資本構成

ファイナンスの教科書では、MM（モディリアーニ・ミラー）理論とい

うものが有名ですが、この理論によると完全市場の下では、資本構成（自己資本と借入金の割合）は企業価値に影響を与えないことが議論されています。一方で、借入金の金利が法人税の計算上、損金とすることができる（法人税を減らすことができる）のに対し、配当は損金算入できないため、借入金を利用することで企業価値が高まることも修正MM理論として知られています。もっとも、一定規模以上に借入金を増やしすぎると、倒産リスクが高まり借入金利が上昇することで、再び企業価値が下がり始めます。したがって、修正MM理論に従うと、ちょうどよい自己資本と借入金のバランスがあることになります（図表10-4）。

**図表10-4　資本構造の考え方**

貸借対照表

| 資産 | 710 | 負債 | 330 |
|---|---|---|---|
|  |  | 資本金 | 200 |
|  |  | 剰余金 | 180 |
|  | 710 |  | 710 |

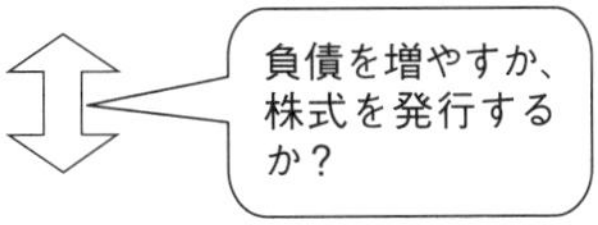

負債を増やすか、株式を発行するか？

　現実の世界では、どれだけの借入がどの水準の金利で行えるかは、特に大きな会社になると、自社の格づけが重要な要素となるため、自己資本比率などに対する格づけ機関の評価を見極めながら資本構成を考えていくことになります。

## Step 3　企業の持続的成長に向けて

会社の持続可能性を高めるためには、資金調達コストを上回る収益をあげることが重要です。資金調達コストは負債コストと株主資本コストの加重平均として求めることができます。会社はこの加重平均資本コスト（WACC）を投資や事業の評価に利用します。

### ❖加重平均資本コスト（WACC）

　会社の持続可能性を高めるためには、調達した資金を効率的に運用し続ける必要があります。効率的な資金運用とは、資金調達コストを上回る収益をあげられるビジネスを行うことです。資金調達コストは、負債コストと株主資本コストの加重平均として求められます。

　加重平均資本コスト（WACC）は図表10-5のように計算されます。負債コストである金利は7％、株主資本コストは15％であるとします。負債が330で、資本金と剰余金の合計が380場合、WACCは11.3％となります。

**図表10-5　加重平均資本コスト（WACC）の考え方**

負債コスト＝金利は7％
株主資本コストは15％

| 貸借対照表 | | | |
|---|---|---|---|
| 資産 | 710 | 負債 | 330 |
| | | 資本金 | 200 |
| | | 剰余金 | 180 |
| | 710 | | 710 |

$$\text{加重平均資本コスト} = 11.3\% = \frac{330 \times 7\% + (200+180) \times 15\%}{710}$$

　資金運用の効率性を追求するためには、投資利回り（利益率）がWACCを上回るような新規のビジネスに投資するようにし、WACCを下回るような成果しか得られていない事業分野については撤退しなければなりません。もっともWACCによる投資判断には限界もあります。WACCは比率で表現されますので、それを大きく上回るような利益率があったとしても、投資の規模がそもそも小さければ、得られる現金は小さくなり、あまり意味がないことになります。企業価値をインカムアプローチによるDCF（キャッシュ・フローの割引現在価値）で考える場合についても、将来のキャッシュ・フローがどれだけ得られるかが重要であり、比率だけに目を奪われてはいけません。

　また、もはやWACCを上回るような収益を得られる新規のビジネスが見つからないという状況になれば、手元の資金を低収益のビジネスに投資するのではなく、配当や自己株式の買取りなどを通じて株主に還元する（株

主資本を減らす)ことが、企業価値を高めるために合理的な意思決定となります。

### ❈企業の持続的成長と財務戦略

2014年8月に発表された経済産業省の「持続的成長への競争力とインセンティブ〜企業と投資家の望ましい関係〜」プロジェクト(伊藤レポート)は、「持続的成長とは、中長期的に企業価値を高めることである。それは、中長期的に資本コストを上回るパフォーマンスをあげることによって実現され、投資家はそうした価値創造に期待して長期投資を行う。」と提言しています。また、資本効率を意識した企業価値経営への転換も提唱しています。

そして、投資家が重視するROE(純資産に対する利益率)について日本企業は、他国の企業に比べ長期低迷している現状を踏まえ、「短期的な観点からROE等をとらえるのではなく、中長期的なROEの向上が企業価値向上に向けた原資」となるとし、「ROEの水準を評価するに当たって最も重要な概念が『資本コスト』である。長期的に資本コストを上回る利益を生む企業こそが価値創造企業であることを日本の経営陣は再認識し、理解を深めるべきである。」と述べています。

このように、企業が成長をしていくためには、収益性を高めることは重要ですが、やみくもに収益を上げるのではなく、資金の出し手の期待、すなわち資本コストを意識することで企業価値が高まり、結果として新たな資金調達機会が得られ、持続的な成長が可能となるのです。

 さらに詳しく学びたい人のために

**過去の利益から将来の価値へ**

本章で述べたように企業価値の測り方には3つのアプローチあります。ところで、ここまで株式会社の成り立ちから利益を出し続けることや利益の意義について、ステークホルダーの観点から説明をしてきました。利益

を出すことで投資家が儲かり、企業はさらなる資金調達を呼び込むといったストーリーと本章でみた企業価値はどう関係するのでしょうか。買収をする人はステークホルダーであり、その会社の将来性を買うことになります。ここで大事なことは、もはや投資家は過去の企業の成果である利益を見ていないともいえます。インカムアプローチは将来のキャッシュ・インフローに注目しています。このキャッシュ・インフローは、過去に認識した利益とどう関係するのでしょうか。

　過去の利益は将来を推測するベースとしての意義は当然にあります。では、どのように過去の利益を将来のキャッシュ・インフローに結びつけていくのでしょうか。買収を考える投資家は利益ともキャッシュ・フローとも異なる新たな概念を生み出しました。それがEBITDAです。EBITDAとはEarnings Before Interest, Tax, Depreciation and Amortization（税金利子償却控除前利益）のことです。すなわち、利益から控除されている税金や利子、償却を足し戻した数値を指標とするものです。これは、税金は企業の成果ではないですし、買収後の戦略によって税金の低い国に利益を移転させることなどが可能であり、買収対象会社の評価に含める必要がないためです。同様に利子は資金調達手段により変更が可能です。償却はキャッシュに影響するものでなく、将来を考えるときに考慮する必要がないものです。

　このようにして計算されたEBITDAは、直接に企業価値を示すのではなく、EBITDAの何倍が企業価値として妥当かという見方がなされていくようになりました。これは、買収される会社が属する業界によって異なり、投資銀行などによって業界の平均値が示されています。EBITDAの倍数で企業価値の妥当性をみる理由は、EBITDAはキャッシュ・フローに近い概念（償却などを考慮しないので）であり、その倍数だけ投資回収の年数がかかるともいえるからです。

理解度確認のための小テスト

　企業価値を最大化するような財務戦略とはどのようなものか。

　株主からの出資は自己資金であり返済不要だが、調達コストは高く、銀行からの借入は返済が必要であって倒産リスクをともなうものだが、調達コストは低い。リスクと調達コストを勘案した負債と株式発行の組み合わせが、最適な資金調達となる。企業価値を最大にするためには、最適な資金調達となる負債と自己資本の割合に応じた加重平均資本コスト（WACC）を上回る収益をあげる分野に投資することが基本である。

# 第11章

# 企業会計と法人税

　法人税の課税上の法人所得とは、法人の負担能力を示すものであるのに対して、企業会計上の法人利益は、株主などの立場から見た法人の価値を高めるものです。この2つは大いに関係がありますが、しかし、目的が異なるので一致しません。

　わが国では、法人税の申告納税にあたって、企業会計の会計報告の結果を原則として課税所得の計算に使うこととされています。そのことが税務行政上簡素にするというメリットがありますが、そうすることのデメリットも目立つようになっています。

## Step 1　企業会計から法人税への調整

わが国の法人税法では、確定決算主義や損金経理によって、企業会計の会計処理と法人税における課税所得の計算が整合的になるように定められています。ただし、法人税の課税所得の計算では、税法関係法令の規定に基づいて、企業会計上の収益の額と原価・費用・損失の額のそれぞれを調整します。

### ◈課税所得の計算

　法人税は、法人所得に対する課税ですので、法人所得をどのように定義するかが税法としてもっとも重要となります。わが国の法人税では、各事

業年度の所得の金額の計算を定める法人税法第22条の第4項において、「第2項に規定する当該事業年度の収益の額及び前項各号に掲げる額は、一般に公正妥当と認められる会計処理の基準に従つて計算されるものとする」と規定されています。つまり、課税所得は、企業会計の基準に則って計算されます。

また、確定申告に関する規定である法人税法第74条は、第1項で「内国法人（清算中の内国法人である普通法人及び清算中の協同組合等を除く）は、各事業年度終了の日の翌日から2月以内に、税務署長に対し、確定した決算に基づき次に掲げる事項を記載した申告書を提出しなければならない」（カッコ内は筆者）としています。**確定決算に基づいて法人税の申告を行うことを確定決算主義と呼んでいます。**

さらに、法人税法第2条第25号では、損金経理について「法人がその確定した決算において費用又は損失として経理することをいう」と定義しています。このことは、わが国の法人税では、決算で費用または損失として計上した金額までしか、原則として税務上の損金として認められないことを示しています。税法の規定が、会計基準に大きく依存しているわけです。

このように、確定決算主義や損金経理は、企業会計の会計処理と法人税における課税所得の計算が整合的に行われるだけでなく、それ以外の取り扱いを原則的に認めないという縛りがあることを意味しています。

### ◈確定決算主義の意義

確定決算主義では、法人の決算に関する計算書類が株主総会で承認された後、その承認を受けた決算の計数を基礎として、法人税法の関係法令に基づく所得額算定の定めにより、企業会計上の収益の額と原価・費用・損失の額のそれぞれを調整し、法人税の課税所得を計算します。その概念は、図表11-1で示されます。

株主に対して財務情報を報告する会計の基準と、法人税における所得の定義は、目的が異なるので、共通する点はあるものの、それぞれ別のものとなります。確定決算主義は、わが国の法人税法に固有の特徴であるといえます。ただし、法人税法の課税所得の算出では、企業会計上の利益に原

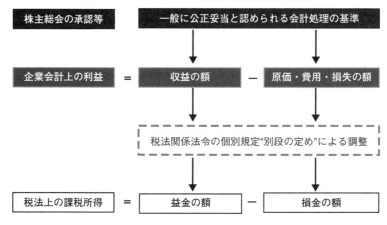

図11-1　企業会計上の利益と課税所得の関係

則的に基づくものの、税法関係法令の個別規定に基づいて、企業会計上の収益の額と原価・費用・損失の額のそれぞれを調整し、益金の額と損金の額を定めています。

### Step 2　確定決算主義のデメリット

確定決算主義や損金経理には税務行政の簡素化などのメリットがありますが、国際会計基準を取り入れた会計基準では、それが認めない損金の処理については、税法上のメリットを受けられないなどの課題があります。税法には、個人と法人、法人間での取引に対して租税回避を防止するための規定があります。

#### ❖確定決算主義と損金経理の問題点

　確定決算主義や損金経理は、税務行政の簡素化という意味ではたいへん有益ですし、納税協力費の抑制という意味でも有効です。その反面で、そもそも企業会計の目的と税務上の所得計算の目的が異なることから、今日のようにそれぞれが一致しない部分が増えて、法人所得の定義の企業会計

からの乖離が大きくなった結果、かえって申告調整が煩雑になるという問題を引き起こしています。

　一例ですが、国際会計基準ではのれんの償却は認められませんが、税法上は減価償却の対象とされることがあります。そのような場合、確定決算では償却がされないので、税務上の損金が認められないことがあります。そこで、組織再編税制などにおいては、損金経理の限界という考え方に立って、確定した決算による損金経理とは異なる方法で損金を求めることとしています。

　このような流れは、わが国において国際会計基準を取り入れた会計基準に移行していることに大きく関係しています。国際会計基準では、財務諸表利用者が会社へ資源を提供する際の意思決定に有用な財務情報を提供することを目的としていることに対して、法人税の課税所得の定義では、あくまで所得として認定すべき額を広くとらえる傾向があります。両者は矛盾することがあり、それが確定決算主義の維持を困難にしている理由です。今後、確定決算主義については、段階的に修正されていくものと考えられます。

## ❖法人税法の論点

　会計基準と直接関連しない部分でも、法人税法として課税所得の定義をめぐってはいくつかの大きな論点があります。まず1つは、法人と個人の間の租税回避防止、つまり個人が税金を逃れるために法人制度を悪用し、課税逃れを行うことを防止するような規定を税法上に設けていることです。

　その例として、同族会社の留保金を重課する規定があります。同族会社では、社長に配当を出し過ぎると社長の個人所得税が重くなるので、配当金を出さずに会社に留保金として留めることができます。そこで、一定金額以上の留保金が生じたときには、通常の法人税以上に重課されます。そのほか、実質的に利益の配当とみなされるものをみなし配当とすることや、使途秘匿金に対して特に重課することなどがあります。

　次に、企業グループ間での利益の付け替えなどにより課税逃れを行うことを防止するために、法人間の租税回避を防止する規定を設けています。

代表的には移転価格税制です。海外の子会社との取引にあたり、その取引価格を第三者との取引価格と乖離した価格で取引する場合、意図的な所得の付け替えと考えられる可能性があり、このような方法による課税逃れを移転価格税制の規定によって防ぎます。移転価格税制を適用するには、海外の子会社との取引が、公正な価格等に基づいているかどうかの認定を行う必要があり、解釈に幅があることから、課税当局と会社との間で見解の相違をめぐって争われることもあります。

また、グループ法人税制は、完全支配関係がある会社間の資産譲渡や寄附等について同一法人において行われたと同じような規定を設けるものです。法人のグループ経営が広がっている実態を踏まえた対応といえます。

### Step 3　法人課税の概要と実効税率引き下げ

法人課税は、国税である法人税、地方税である法人住民税と法人事業税、および法人住民税の一部を国税化し地方交付税の財源とした地方法人税からなります。これらを複合した実質的な負担率を実効税率と呼びますが、わが国の実効税率は国際的には割高であり、企業の経済活動の妨げにならないよう徐々に引き下げられています。平成28年度以降は20％台になっています。

#### ❖税額計算と控除

法人税の税額計算では、「課税所得金額×税率」によって得られた額から税額控除をしたものとします。税額控除は、設備投資の促進などの政策的な目的に対して、特に規定を設けたものです。その例としては、賃上げや生産性向上を達成した場合に適用される税額控除である所得拡大促進税制、中小企業等が特定経営力向上設備等を取得した場合の特別償却または税額控除である中小企業強化税制、試験研究費の総額に係る税額控除制度などがあります。それに対して、源泉徴収されている外国税額や所得税額についても税額控除されますが、それは政策目的ではなく課税の公平の観点からのものです。

## ❖法人課税の概要

　法人課税は、国税である法人税、地方税である法人住民税と法人事業税、および法人住民税の一部を国税化し地方交付税の財源とした地方法人税からなります（図表11-2）。

　後述するように、法定実効税率を下げるために、法人税の税率は、所得に対して平成24年度まではしばらく30.0％でしたが、平成26年度に25.5％、27年度に23.9％、28年度に23.4％、30年度に23.2％へと段階的に引き下げられました（図表11-3）。

　法人住民税は、所得に応じて課税される法人税割と、定額が課税される均等割があります。法人住民税の法人税割と地方法人税は、国税である法人税額を課税標準として、それに税率を乗じた額を納税額とするものです。

　法人事業税は、法人税と似たしくみである所得割のほか、資本金1億円超の大規模法人には、低税率で付加価値割と資本割に課税する外形標準課

図表11-2

| 法人課税の概要 | | | | | | |
|---|---|---|---|---|---|---|
| 法人税（国）<br>12.2兆円 | ※税収の33.1％は地方交付税の原資 | | 所得 | × | 税率<br>23.2％ | ＝ 法人税額 |
| 地方法人税（国）<br>0.7兆円 | ※税収の全額が地方交付税の原資<br>法人住民税法人税割の一部を国税化したもの | | 法人税額 | × | 4.4％<br>(③～10.3％) | |
| 法人住民税（県・市）<br>2.6兆円 | 法人税割 | 県 | 法人税額 | × | 3.2％<br>(③～1.0％) | 0.5兆円 |
| | | 市 | 法人税額 | × | 9.7％<br>(③～6.0％) | 1.6兆円 |
| | 均等割 | | | | | 0.6兆円 |
| 法人事業税（県）<br>6.1兆円<br>(2.0兆円)<br>※（ ）内は地方法人特別税(内数) | 【資本金1億円超の普通法人】<br>所得割 | | 所得 | × | 3.6％ | 1.5兆円 |
| | 外形標準<br>課税 | 付加価値割 | 付加価値額<br>(収益配分額＋単年度損益) | × | 1.2％ | 1.2兆円 |
| | | 資本割 | 資本金等の額 | × | 0.5％ | 0.7兆円 |
| | 【資本金1億円以下の普通法人・公益法人等】<br>所得割 | | 所得 | × | 9.6％ | 2.3兆円 |
| | 【電気供給業・ガス供給業・保険業を営む法人】<br>収入割 | | 収入金額 | × | 1.3％ | 0.3兆円 |

※税収は平成30年度収入見込額。なお、端数処理の関係で、計が一致しない場合がある。
※地方法人税、法人住民税（県・市）の（ ）内の税率は、平成31年10月1日以後に開始する事業年度から適用。

出所）　総務省資料（http://www.soumu.go.jp/main_content/000552791.pdf, p. 29）

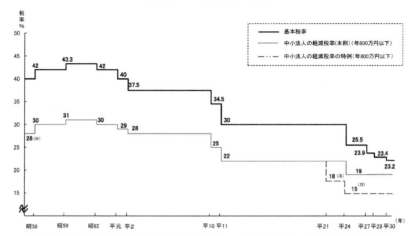

図表11-3　法人税率の推移

（注）中小法人の軽減税率の特例（年800万円以下）について、平成21年4月1日から平成24年3月31日の間に終了する各事業年度は18％、平成24年4月1日前に開始し、かつ、同日以後に終了する事業年度については経過措置として18％、平成24年4月1日から平成31年3月31日の間に開始する各事業年度は15％。

（※）昭和56年4月1日前に終了する事業年度については年700万円以下の所得に適用。

出所）　財務省ホームページ
　　　　https://www.mof.go.jp/tax_policy/summary/corporation/c01.htm#a03（令和元年5月1日現在）

税が実施されています。赤字法人に対しても、法人が受ける受益に対して負担を求めるうえで法人事業税の外形標準課税は有効です。

### ◇法人実効税率の引き下げ

　わが国の法人税は国際的にも割高であり、経済活動の妨げにならないためにはそれを引き下げることが必要であるとされています。法人課税は複数の税目からなっていますので、それらを複合した実質的な負担率を実効税率と呼んでいます。法定実効税率は、各法人課税の税率の単純合計にはなりません。これは、地方法人税や住民税等は課税所得の計算上、損金とされるためです（図表11-4）。

　わが国の実効税率はヨーロッパやアジア諸国のなかではやや高めなので、国際的に見て遜色のない実効税率にすることを目標に、平成27年度改正では、34.62％から32.11％に引き下げ、さらに28年度からは29.97％、30年度からは29.74％とし、20％台にまで引き下げています（図表11-5）。

図表11-4　法人実効率税の引き下げ（資本金1億円超の法人の場合）

| | 26年度<br>（改革前） | 27年度<br>（27年度改正） | 28年度<br>（28年度改正） | 30年度 |
|---|---|---|---|---|
| 法人税率 | 25.5% | 23.9% | 23.4% | 23.2% |
| 大法人向け法人事業税所得割<br>＊ 地方法人特別税を含む<br>＊ 年800万円超所得分の標準税率 | 7.2% | 6.0% | 3.6% | 3.6% |
| 国・地方の法人実効税率 | 34.62% | 32.11% | 29.97% | 29.74% |

出所）　財務省ホームページ
　　　　https://www.mof.go.jp/tax_policy/summary/corporation/c01.htm#a03（令和元年5月1日現在）

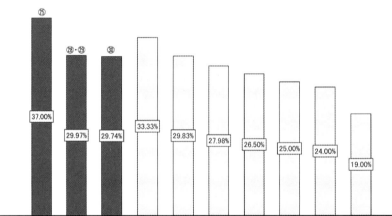

図表11-5　法人実効率税の国際比較

（注1）法人所得に対する税率（国税・地方税）。地方税は、日本は標準税率、アメリカはカリフォルニア州、ドイツは全国平均、カナダはオンタリオ州。フランスについては、課税所得のうち50万ユーロ以下の部分の税率は28％。なお、法人所得に対する税負担の一部が損金算入される場合は、その調整後の税率を表示。
（注2）フランスにおいては、2018年から税率を段階的に引き下げ、2022年には25％となる予定。イギリスにおいては、2020年度から17％に引き下げる予定。

出所）　財務省ホームページ
　　　　https://www.mof.go.jp/tax_policy/summary/corporation/c01.htm#a03（令和元年5月1日現在）

### ❖欠損金の繰越控除

　法人実効税率の引き下げが行われる一方で、課税強化の動きもみられます。その1つが欠損金の繰越控除の制限です。わが国では、特に赤字法人が多いという特徴がありますが、ある年度に赤字だったが翌年度に黒字となった場合、法人税の課税については、過去の赤字を繰り越して黒字と相

殺することで税負担を軽減するしくみとして欠損金の繰越控除制度があります。法人所得の年度間での変動が多い業種では、そのようなしくみがなければ税制上不利な扱いとなってしまいます。

その一方で、そのことが課税逃れになっているという指摘も強く、平成23年度の改正では、大法人については繰越欠損金に限度額を設ける代わりに期間の延長を行っています。平成27年度の改正では、同様に、大法人について控除限度額をそれまでの80％から65％へ、最終的に50％にまで段階的な引き下げを行うと同時に、控除期間が9年間から10年間へ延長されました。中小企業については、繰越欠損控除の期間は大法人と同一であって、控除限度額の制限はなく全額が認められています。

 さらに詳しく学びたい人のために

### 法人税の転嫁と帰着

法人税でもっとも問題となるのは、最終的に誰が負担するかです。仮に大法人が税の負担能力があるとして重い法人税をかけても、それを自分で負担しないで誰かに転嫁すれば、最終的に法人税の帰着は、大法人ではなくなります。

法人税は会社法では費用にあたりますので、会計的には、利益を引き下げることになります。その結果、法人の内部留保が減る、あるいは株主への配当が減少するとすれば、法人の所有者が法人税を負担したといえます。ところが、法人税の負担を見込んで、あらかじめ一定の利益を確保するために法人の商品価格に転嫁するとすれば、その法人から商品等を購入する消費者等に負担が帰着しています。また、法人税負担分の利益をカバーするために従業員の給与を引き下げれば、法人税の帰着先は労働者となってしまいます。

一般的に、独占企業等で売上価格に転嫁することが容易な場合には、法人税の帰着は消費者等に及びますが、競争条件が厳しい場合には、売上価格に上乗せすることが難しく、法人税の帰着は株主や従業員等に及ぶこと

になります。法人税を誰が負担するのかは、よくわからないというのが本当のところです。

 理解度確認のための小テスト

わが国における法人税の所得と企業会計上の利益はどのような関係になっているのか説明しなさい。

　税金計算の基礎となる課税所得は、確定決算主義による。すなわち、法人がその決算に基づく計算書類につき株主総会の承認などを経た後、その承認を受けた決算に係る利益に基づいて税法の規定により所得の金額の計算を行い、その所得の金額および当期純利益と当該所得の各金額の差異を申告書において表現（調整）する。確定決算主義は税務行政が簡素であるなどのメリットがあるとされてきたが、国際会計基準の採用などの要因で、会計基準と税法上の取り扱いが異なる項目が多くなることで、税法上のメリットが享受できなかったり、かえって煩雑になったりといった問題点が指摘されている。

# 第12章

# 会計の考え方とGDP、公会計の推進

　最後に、これまで学んできた会計の考え方が、GDP（国内総生産）の概念とどのようにつながっているかを知ることで、会計的な発想ができることの重要性を確認しましょう。GDPは国全体の経済活動の規模を測るものとして重要なものですが、その算出方法は企業会計の考え方に基本的に則っています。そのために、社会会計とも呼ばれます。また、公会計の推進は、地方自治体の職員にとって身近な問題ですが、そのことの意味についても最後に押さえておくこととします。

## Step 1　GDPの概念と会計の考え方

GDP（国内総生産）は、経済規模を測る尺度です。国内の各産業の生み出す付加価値の合計として集計されますが、生産されたものは誰かの所得となり、消費や投資などに結びつくという経済循環の考え方に沿って、国内総生産＝国内総所得＝国内総支出という三面等価によって統計概念が整理されています。

### ◈経済規模を測る尺度としてのGDP
　国民総生産（Gross Domestic Products：GDP）は、国全体の経済規模を測るものとして重要な指標です。経済成長率は、GDPの増加率によっ

て測定されます。各国の1人当たりのGDPは、経済的な意味での豊かさを示しています。1人当たりのGDPの国際比較では、ルクセンブルクやノルウェー、スイスのようなヨーロッパの小国や、産油国であるカタールが10万ドル前後で上位にランクされます。わが国は3.6万ドル程度であり、近年ほとんど変わりませんので、ランクは次第に低下して2014年では27位です。中国は1万ドルには達していませんが、人口が多いので、国全体ではアメリカについで世界第2位です。最貧国の定義は国内総生産（正確には国民総所得）のほか、識字率などを勘案して決められています。

### ❖社会会計としてのGDP

　GDPにかかる統計（国民経済計算と呼ばれる）を社会会計と呼ぶことがあります。そこでは、会計的な概念が用いられているからです。経済の規模を測るには、産業別に生産規模を測定することが基本となります。もっとも、ある会社が別の業種である会社から原材料等を仕入れることで生産していることを考えると、産業別の生産量を単に集計しただけでは、計算が二重にも三重にもなって適当であるとはいえません。

　そこで、産業ごとの生産規模を測るときには、生産額から仕入額を除いた額である付加価値を基本とします。付加価値とは、第2章で取り上げた粗利のことです。粗利の合計がGDPとなります。もっとも粗利では、減価償却などの費用が控除されていませんので、それを勘案しなければ、国民所得にはなりません。このようにGDP統計は会計の考え方に依拠してできています。

### ❖三面等価の考え方

　国内総生産は生産（ただし付加価値）の規模を表したものですが、生産は所得につながっていますし、それは支出につながっています。生産→所得→支出（消費や投資）の経済循環に着目して、

　　国内総生産＝国内総所得＝国内総支出

となるように、統計概念を整理しています。これを三面等価といいます。経済学的にいえば、国内総生産が総供給、国内総支出が総需要であって、

図表12-1　国内総生産勘定（生産側および支出側、確定値）

（単位：10億円）

| | 項　目 | 平成25年度 |
|---|---|---:|
| 1.1 | 雇用者報酬（2.4） | 248,168.2 |
| 1.2 | 営業余剰・混合所得（2.6） | 95,933.8 |
| 1.3 | 固定資本減耗（3.2） | 101,870.9 |
| 1.4 | 生産・輸入品に課される税（2.8） | 41,736.6 |
| 1.5 | （控除）補助金（2.9） | 2,979.5 |
| 1.6 | 統計上の不突合（3.7） | -1,619.7 |
| | 国内総生産（生産側） | 483,110.3 |
| 1.7 | 民間最終消費支出（2.1） | 296,538.8 |
| 1.8 | 政府最終消費支出（2.2） | 98,778.7 |
| | （再掲） | |
| | 家計現実最終消費 | 355,255.0 |
| | 政府現実最終消費 | 40,062.5 |
| 1.9 | 総固定資本形成（3.1） | 107,566.2 |
| | うち無形固定資産 | 12,249.5 |
| 1.10 | 在庫品増加（3.3） | -3,866.4 |
| 1.11 | 財貨・サービスの輸出（5.1） | 79,998.1 |
| 1.12 | （控除）財貨・サービスの輸入（5.6） | 95,905.1 |
| | 国内総生産（支出側） | 483,110.3 |
| | （参考）海外からの所得 | 25,166.3 |
| | （控除）海外に対する所得 | 7,213.2 |
| | 国民総所得 | 501,063.3 |

両者が均衡しているという意味になります。また、国内総生産に対して、海外から受け取る所得と海外に支払う所得の純計を加えたものが国民総生産となります。平成25年度のGDPは483.1兆円です（図表12-1）。

### Step 2　GDPの会計的な側面

企業会計の粗利＝付加価値の合計がGDP（国内総生産）であり、そこから減価償却を除き海外からの所得の純計を加え要素価格表示にすると、国民純生産＝国民所得です。国民所得は、給与・賃金、利子、地代、利益などの要

素所得からなります。そこでは損金算入される税が間接税、益金処分となる税が直接税とされています。

### ❖企業会計とGDP・国民所得の概念

それでは、非常に単純な企業会計の例をもとに、GDPの概念を説明してみましょう（図表12-2）。売上から経費を引いたものは粗利となります。粗利とは付加価値のことであり、その合計額が、国内総生産であることはすでに述べました。

粗利から利益を導く場合には、まず減価償却を除いたうえで、給与・賃金、利子、地代を除いていきます。その際、減価償却とは、機械設備等の当年の減耗分を意味します。売上から最初に差し引いた経費は、原材料などの経常的な費用ですが、減価償却は機械設備における費用相当分だといえます。粗利から減価償却（国民経済計算では固定資本減耗と呼ぶ）を除いたものを国内純生産（市場価格表示）といいます。それに外国からの受け取る所得の純計を加えると国民総生産です。

市場価格表示では、会社が受け取っている補助金の分だけ割安になり、会社が払っている間接税だけ割高になっているはずなので、補助金を加えて間接税を引いたものを要素価格表示の国民純生産と呼びます。それは実

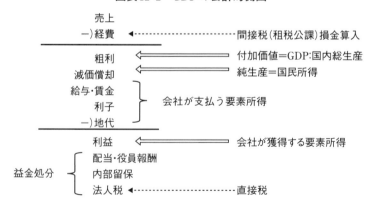

図表12-2　GDPの会計的側面

は国民所得を表しています。なぜなら、国内総生産は、図表12-2で示したように、給与・賃金（労働者の所得）、利子（資金を貸し付けた者の所得）、地代（土地を提供した者の所得）、利益（会社の所有者の所得）の合計といえるからです。

　生産要素は、労働と資本と土地からなります。労働には給与・賃金、資本には利子や配当などの資本所得、土地には地代が支払われます。それらは要素所得と呼ばれます。すなわち、国民純生産とは要素所得の合計なので、国民所得と呼んでいいわけです。個人の所得になるものは要素所得のほか、社会保障給付などがありますが、それは移転所得と呼ばれます。移転所得は国民所得には含まれません。

### ◈直接税と間接税の会計上の区分

　会社が負担する税金は、図表12-2にあるように、会計上は2か所で現れます。1つは売上から差し引く経費の中に含まれるものです。租税公課と呼ばれます。消費税や固定資産税などからなります。費用に含まれるということは、売上に上乗せして購入者に税負担を転嫁することを想定しているということなので、**租税公課として損金算入の対象となる税金は間接税に区分されます。**

　それに対して、法人税は利益の配分のなかの1つです。利益は、配当または役員賞与というかたちで会社の外に行くか、内部留保となるか、あるいは法人税というかたちで納税されます。**法人税のように益金処分とされる税は直接税に区分されます。**それに対して、事業税は付加価値税の代わりに導入された歴史的経緯があることから、課税ベースは法人税とほとんど同じですが、会計上は租税公課に区分され、間接税として扱われます。なお、以上の区分はGDP統計上での扱いであり、現代の会計学では、法人税は利益の処分ではなく費用として認識されるようになっています。

| Step 3 | 政府会計における現金主義会計の意味 |

政府は強大な権限を持っているので、財政面では租税法律主義と歳出予算の議決を求めることとし、歳出と歳入の両面で事前統制を行っています。事前統制に適した現金主義会計と、その欠点を補う建設公債主義を組み合わせると、貸借対照表は資産超過になり、発生主義会計ベースの健全性が確保されます。

### ◈政府予算の特徴‥事前統制重視と現金主義会計

政府は伝統的に現金主義会計に拠ってきましたが、発生主義会計に基づく財務書類を作成して報告することが要請されています。ただし、地方自治体の貸借対照表は借入を制限していることもあって、基本的に資産超過であり、財政状況は資金繰りの方で厳しくなる傾向があります。したがって、財政の持続可能性の診断手法の充実と、公会計の整備推進は、直接は結びつきません。

政府は民間企業と大きな点で異なります。何よりも、法律に基づく強い権限を持っていることです。そのなかでも強力なものは課税権という強制力です。世界各国の国家の歴史のなかでも、国家が持つ課税権の濫用を防ぐことが、大きなテーマになってきたといえます。そこで、国家の課税権は法律に基づいて執行されなければならないという租税法律主義が、近代国家の憲法に盛り込まれています。歳出面では、国民によって選出された議員からなる議会が、事前に議決した範囲でなければ執行ができないように縛るようにしています。

その結果、**政府では財政面では事前統制が主であって、決算や会計検査などの決算に対する事後統制は従たる存在です**。株式会社は株主総会による統制を受けますが、そのときは決算という企業業績の結果責任に対するものが主であり、予算での統制はほとんどありません。つまり**会社では事前ではなく事後統制が中心です**。

政府では税法と予算による事前統制が中心ですが、そのために、歳出予算は現金主義会計が優れています。政府予算は、現金主義会計であること

が通例で、発生主義会計による予算を付け加えることはあっても、発生主義会計による予算だけの国がないのはそのためです。地方公営企業会計は発生主義会計のみですが、経営者にあたる管理者を置いて、独立性を認めることで企業的な活動をしやすくしています。一般会計とは性格がやや異なります。現金主義会計では、借入に対する統制に対して特別に対処する必要があります。そのことが政府財政の健全性を担保するうえでの大きな課題といえます。

歳出予算は、「誰の権限で何に何円まで支出ができるか」の歳出権限を付与するもので、決算は、権限が付与された者（統治者）が、権限行使の結果を議会および住民に報告するものです。その一方で、現金主義会計の決算では、資産と負債の状況が分かりません。そのため、わが国の国家財政では、財産増減および現在額計算書や債務に関する計算書などにより決算を補完しています。

### ❖地方自治体の貸借対照表

図表12-3は、大阪府の貸借対照表です。意外にも大きく資産超過です。企業会計的にいえば大きな純資産を持っている優良企業です。

地方自治体では、長期借入金である地方債は原則、投資的経費にしか財源充当できず、しかも耐用年数以内に返済することが求められています。それを建設公債主義といいます。そこでは、取得した資産よりも借入は小さくなり、減価償却が進むとそれより早いペースで負債が減っていきますので、資産超過に必然的になるわけです。つまり、建設公債主義とは貸借対照表を資産超過にするための規制であるといえます。地方自治体の財政が悪いとは、つまり発生主義会計的な償還能力の意味ではなく、現金主義会計の資金繰りの観点についてです。つまり、建設公債主義の下では、現金主義会計の資金ベースで財政状況の監視をしていれば、財政の健全性は確保できるといえます。

図表12-3　大阪府の一般会計の貸借対照表（平成26年3月31日現在）

(単位：百万円)

| 科目 | 平成25年度(A) | 平成24年度(B) | 差(A−B) | 科目 | 平成25年度(A) | 平成24年度(B) | 差(A−C) |
|---|---|---|---|---|---|---|---|
| 資産の部 | | | | 負債の部 | | | |
| Ⅰ　流動資産 | 287,912 | 267,292 | 20,619 | Ⅰ　流動負債 | 449,419 | 472,597 | ▲23,179 |
| 　現金預金 | 75,868 | 57,383 | 18,485 | 　地方債 | 371,852 | 398,578 | ▲26,726 |
| 　未収金 | 38,781 | 44,424 | ▲5,643 | 　短期借入金 | — | — | — |
| 　不納欠損引当金 | ▲9,460 | ▲9,749 | 290 | 　賞与引当金 | 43,654 | 42,716 | 939 |
| 　基金 | 169,987 | 158,286 | 11,701 | （以下、略） | | | |
| 　短期貸付金 | 4,108 | 3,714 | 394 | Ⅱ　固定負債 | 2,680,388 | 2,887,984 | ▲207,596 |
| 　貸倒引当金 | ▲157 | ▲167 | 10 | 　地方債 | 2,101,101 | 2,212,828 | ▲111,727 |
| 　その他流動資産 | 8,785 | 13,401 | ▲4,616 | 　長期借入金 | — | — | — |
| Ⅱ　固定資産 | 5,448,955 | 5,512,474 | ▲63,519 | 　退職手当引当金 | 561,051 | 654,198 | ▲93,147 |
| 　事業用資産 | 1,416,255 | 1,429,997 | ▲13,742 | 　その他引当金 | — | — | — |
| 　インフラ資産 | 3,035,333 | 3,070,492 | ▲35,159 | 　リース債務 | 549 | 569 | ▲20 |
| 　（以下、略） | | | | 　その他固定負債 | 17,687 | 20,388 | ▲2,702 |
| 資産の部合計 | 5,736,866 | 5,779,766 | ▲42,900 | 負債の部合計 | 3,129,807 | 3,360,581 | ▲230,774 |
| | | | | 純資産の部 | | | |
| | | | | 　純資産 | 2,607,060 | 2,419,185 | 187,875 |
| | | | | 負債および純資産の部合計 | 5,736,866 | 5,779,766 | ▲42,900 |

## Step 4　公会計推進の意義

政府会計は事前統制が必要であり、それに適した現金主義が採用されていて、かつ、その欠点を補うものとして公債発行を制限しているにもかかわらず、統一的な公会計の整備がなぜ必要となるのでしょうか。背景には情報開示の充実の要請があります。固定資産台帳は事後的な資産評価でなく、取得時に複式簿記により仕訳情報に基づいて作成・更新していくことでシステマティックな整備が可能となります。また、統一的なルールの制定により団体間の情報が比較可能となります。

### ◈公会計の整備推進と会計基準の統一化

予算・決算制度が現金主義会計に基づくことについては変更されません

が、国も地方自治体も、財政状況の情報開示を充実させるという観点で、発生主義会計に基づく決算開示を進めてきました。国では省庁別財務諸表が作成され、地方自治体でも基準モデルや総務省方式改訂モデルなどによって、財務書類の作成・公表が進められてきた一方で、基準の統一が懸案とされてきました。基準が不統一だと団体間の比較すらできません。

そこで、**総務省**では、地方公共団体における財務書類等の作成に係る統一的な基準を設定し、①発生主義・複式簿記の導入、②固定資産台帳の整備、③比較可能性の確保を促進することとし、平成27年1月に、地方自治体に対して平成29年度末までの3年間（やむを得ない場合には5年間）で対応することを要請し、おおむねそれに沿った対応がなされました。

### ❖仕訳と固定資産台帳整備

統一された基準は、それまで地方自治体がもっとも多く採用している総務省方式改訂モデルとは異なり、仕訳に基づく作表を求めています。総務省方式改訂モデルは、決算統計と呼ばれる現金主義会計に基づく決算報告書を、一定のルールに沿って加工することで作成するものです。

複式簿記と発生主義会計の親和性は強いですが、必須の関係ではありません。現金主義会計での複式簿記も考えられますし、総務省方式改訂モデルは発生主義会計だが単式簿記といえなくもありません。そこでいう複式とは、あらゆる取引等を借方と貸方に仕訳することを意味します。

統一基準で総務省方式改訂モデルを放棄し、仕訳を必須のものとした理由の1つには、固定資産台帳の整備が進まない状況を打開したいことがあります。現金主義会計では、資金の収支尻に関心が集まり、地方自治体の監査でも例月現金出納検査によって現金の収支には特に注意が払われます。その一方で、複式簿記でないことから、資産取得の情報が体系的に収集されず、そのことが固定資産台帳の整備をシステマティックに進める道を閉ざしてきました。

統一基準による財務書類の作成では、開始時点での資産評価こそ、合理的な基準で簡素に行うことはあっても、開始後は仕訳情報に基づいて固定資産台帳が厳密に更新されていくことが期待されます。**固定資産台帳の整**

備は、住民への情報開示に積極的に取り組むという観点で、地方自治体が取り組むべき重要な課題です。老朽化対策が必要とされている公共施設等の維持管理にも、固定資産台帳は管理計画作成のための基本的な情報として、将来的には役立てることができます。

### ❖公会計の活用とは

　現金主義会計に基づく予算・決算を作成することに加えて、統一基準による発生主義会計に基づく財務書類を作成することは、手間とコストがかかります。せっかく作成したのだから、何に使えるのかという疑問を持つことは当然あることです。加えて、建設公債主義の下では、貸借対照表は資産超過になるので、発生主義会計に基づく財政診断は健全となるという見方は、思うほどは広がっていません。したがって、発生主義会計による財務書類を作成しなければ財政診断ができないという声があり、それが活用に対する期待と結びついているところがあります。

　もっとも、財務会計においては、企業会計と同様に、財務書類を開示することが主たる目的です。資産超過であればなおさらです。経営診断等に活用するというのは、管理会計の方です。第3章で会社における管理会計の活用について述べましたが、同じことは地方自治体においてもあてはまります。個々の政策等のコストを管理会計の手法で分析し、政策判断につなげていくことは重要なことです。

　加えて、財務会計についてもそこから新しい有益な指標を導こうとする動きがあります。その1つは資産老朽化比率にあたる有形固定資産減価償却率（資産の取得額に対する償却後の評価額の割合）です。それは公共施設の更新等の必要性を表す、これまでになかった指標といえるからです。そのほか、債務償還可能年数も、財務書類に基づいて定義し、自治体間比較や時系列での分析に取り込もうとされています。それらの試みによって、地方自治体の財政診断は従来以上に充実したものになると期待されます。

### ◈地方公営企業の法適用の拡大

　公会計の整備が進められる一方で、立ち遅れた課題とされているのが、下水道事業などの地方公営企業における発生主義会計に基づく予算・決算の整備です。従来の地方自治法に基づく現金主義会計による予算・決算ではなく、地方公営企業法に基づく発生主義会計の適用であることから、地方公営企業法の適用拡大といいます。

　一般会計等の公会計は、地方税や地方交付税を財源とする財政活動ですが、地方公営企業は独立採算制の考え方が適用されることもあって、料金収入による費用の回収が大きな課題とされることから、公会計の整備以上に、地方公営企業会計の法適用の拡大の必要性は本来的には高いといえます。そこで、財務書類作成のマニュアル等を公表したうえで、公会計の場合と同様に、平成27年1月に地方自治体に対して取り組みが要請され、平成30年度末までの5年間を集中取組期間と設定されました（さらに、それまで努力目標とされてきた人口3万人未満の市町村についても、平成31［令和元］年度から5年間で移行が要請されることになりました）。法適用の拡大を法に基づいて義務づけることは当面見送られましたが、集中取組期間終了後は進捗を踏まえて法制化を検討するとされています。

　地方公営企業では、人口減少もあって、将来、独立採算制を維持することが困難になる状況も予想されます。そのなかで、上水道などでは施設の更新も重い課題になりつつあります。法適用の拡大は、将来の財務状況の健全性の維持が困難となることが予想される地方公営企業では心理的抵抗が大きいところですが、その反面で、法適用の拡大を進めるうえで必要となる資産の状況把握は、経営計画を立てるうえで重要なことです。法適用の拡大は、地方公営企業のなかでも企業数の多い下水道事業と簡易水道事業について進められることとなっています。

さらに詳しく学びたい人のために

### 地方公会計の推進の状況

　地方公会計は、少数の自治体の自主的な試みから始まって、さまざまな経緯を経て、すべての自治体が取り組むべきものと位置づけられるようになりました。特に、会計基準に相当する統一的な基準が定められ、それに基づく財務書類の作成が総務省から要請され、自治体間での比較が可能になることで、地方公会計は新たな段階に入ったといえます。平成30年度末には、各自治体の統一的な基準による平成28年度決算に係る財務書類について、比較可能な様式によって示した結果が総務省のホームページに開示されています。

　そうした実務的な取組みの進捗と並行して、総務省は、地方公会計の推進に資する情報提供を行うことなどを目的に研究会を設け、毎年度、その成果を報告書として取りまとめ公表しています。平成28年度報告（地方公会計の活用のあり方に関する研究会報告書）では、統一的な基準に基づく地方公会計でいわば副産物として作成される固定資産台帳を公共施設等総合管理計画と結びつけることの意義、平成29年度報告（地方公会計の活用の促進に関する研究会報告書）では、固定資産台帳の更新に関する技術的課題を取り上げています。また、平成30年度報告（地方公会計の推進に関する研究会報告書）では、管理会計の意味での活用方法としてセグメント分析について、その課題を明らかにしています。また、平成30年度報告では、地方公会計に関連した財政指標を点検し、定義を新たにするなど、自治体の財政運営の実務により密着した内容になっています。

理解度確認のための小テスト①

　GDP統計が社会会計であるといわれるのはどのような意味か、説明しなさい。

　GDPに係る統計である国民経済計算は、会計的な概念で組み立てられていることから社会会計であると呼ばれている。まず、国内総生産は、国内のあらゆる産業の生産規模を示しているが、その場合の規模は売上高ではなく付加価値であり、売上から仕入を除いた粗利に相当するものである。また粗利から減価償却を除いたものに一定の調整を加えたものが国民純生産であり、それを国民所得と呼んでいる。国民所得は、給与・賃金、利子、地代、利潤からなり、それらは要素所得であるが、そのことも簡単な企業会計のモデルに即して説明できる。

 理解度確認のための小テスト②

　地方公会計・統一基準における仕訳の重要性について説明しなさい。

　総務省は、地方自治体における財務書類等の作成に係る統一的な基準を設定し、作成に取り込むことを要請している。そこでは特に、複式簿記を導入して仕訳を行うことを求め、そのことを通じて固定資産台帳の整備を進めるほか、基準を統一することで団体間での比較可能性の確保を促進することとしている。複式簿記で仕訳を行うことで、資産取得の情報が体系的に収集でき、それを固定資産台帳の更新作業にシステマティックに対応させることで、それまでどちらかといえばおざなりになっていた正確な固定資産台帳の作成・更新が推進されることが期待されている。

## 著者紹介

### 小西砂千夫（こにし・さちお）

関西学院大学大学院経済学研究科・人間福祉学部教授
昭和35年大阪市生まれ
関西学院大学経済学部卒業、同大学院経済学研究科博士課程修了、博士（経済学）
専門は財政学
総務省の地方公会計や地方公営企業の法適用に関係する各種研究会の座長・委員を歴任。

### 北尾俊樹（きたお・としき）

有限責任あずさ監査法人パートナー、公認会計士／米国公認会計士（ニューヨーク州）
昭和52年奈良市生まれ
関西学院大学経済学部卒業、同大学院経済学研究科修了、修士（経済学）
グローバル上場企業、外資系企業の日本支店等の会計監査に従事。
米国基準、国際基準の業務を多く経験。

### 菅原正明（すがはら・まさあき）

菅原正明公認会計士・税理士事務所所長、公認会計士
昭和43年姫路市生まれ
関西学院大学経済学部卒業
総務省の地方公会計に関係する各種研究会の委員を歴任。

K.G. りぶれっと No. 47

# はじめての会計と税務

2019 年 9 月 5 日 初版第一刷発行

| | |
|---|---|
| 著　者 | 小西砂千夫・北尾俊樹・菅原正明 |
| 発行者 | 田村和彦 |
| 発行所 | 関西学院大学出版会 |
| 所在地 | 〒 662-0891<br>兵庫県西宮市上ケ原一番町 1-155 |
| 電　話 | 0798-53-7002 |
| 印　刷 | 協和印刷株式会社 |

©2019 Sachio Konishi, Toshiki Kitao, Masaaki Sugahara
Printed in Japan by Kwansei Gakuin University Press
ISBN 978-4-86283-286-3
乱丁・落丁本はお取り替えいたします。
本書の全部または一部を無断で複写・複製することを禁じます。

## 関西学院大学出版会「K・G・りぶれっと」発刊のことば

大学はいうまでもなく、時代の申し子である。

その意味で、大学が生き生きとした活力をいつももっていてほしいというのは、大学を構成するもの達だけではなく、広く一般社会の願いである。

研究、対話の成果である大学内の知的活動を広く社会に評価の場を求める行為が、社会へのさまざまなメッセージとなり、大学の活力のおおきな源泉になりうると信じている。

遅まきながら関西学院大学出版会を立ち上げたのもその一助になりたいためである。

ここに、広く学院内外に執筆者を求め、講義、ゼミ、実習その他授業全般に関する補助教材、あるいは現代社会の諸問題を新たな切り口から解剖した論評などを、できるだけ平易に、かつさまざまな形式によって提供する場を設けることにした。

一冊、四万字を目安として発信されたものが、読み手を通して〈教え―学ぶ〉活動を活性化させ、社会の問題提起となり、時に読み手から発信者への反応を受けて、書き手が応答するなど「知」の活性化の場となることを期待している。

多くの方々が相互行為としての「大学」をめざして、この場に参加されることを願っている。

二〇〇〇年　四月